Estratégias do pensamento

Larry E. Wood

Estratégias do pensamento

Técnicas de aptidão mental

CÍRCULO DO LIVRO

CÍRCULO DO LIVRO S.A.
Caixa postal 7413
01051 São Paulo, Brasil

Edição integral
Título do original: "Thinking strategies"
Copyright © 1986 Prentice-Hall, Inc.
Todos os direitos reservados
Edição original em inglês publicada por Prentice-Hall, Inc.
Tradução: Cláudia G. Duarte
Capa: colagem de Tide Hellmeister

Licença editorial para o Círculo do Livro
por cortesia da Editora Cultrix Ltda.,
mediante acordo com o Prentice-Hall, Inc.

Venda permitida apenas aos sócios do Círculo

Composto pela Linoart Ltda.
Impresso e encadernado pelo Círculo do Livro S.A.

2 4 6 8 10 9 7 5 3 1

89 91 92 90 88

Sumário

Prefácio 7
1. Organização do plano 11
2. Inferência 37
3. Tentativa e erro 67
4. Submetas 91
5. Contradição 121
6. Trabalhando de trás para a frente 137
   Soluções dos problemas complementares .. 149
   Leituras complementares 191
   Índice remissivo 193

Prefácio

O ato de pensar é tão natural que raramente paramos para refletir sobre ele. Ao longo dos doze anos de nossa educação formal, o conhecimento tem sido amiúde equiparado a fatos fundamentais. Normalmente, dedicamos pouco tempo ao desenvolvimento de nossa capacidade de raciocínio. Em vez disso, os professores pressupõem que os alunos adquirirão essa capacidade através do estudo de matérias específicas, sobretudo a matemática. Isso poderá ser suficiente para o pequeno número de alunos que prosseguem o estudo da matemática no segundo grau, mas a grande maioria que não continua o aprendizado dessa disciplina tem poucas oportunidades de desenvolver completamente suas aptidões cognitivas.

Acredito que essa capacidade seja vital para o sucesso em todas as áreas do conhecimento. A análise crítica de uma peça ou de um poema pode exigir tanto raciocínio lógico como a demonstração de um teorema em geometria. Creio que o treinamento das aptidões cognitivas deveria fazer parte da educação de todas as pessoas, e este livro procura desenvolver grande parte dessas aptidões que são relevantes para a resolução de problemas.

Explorarei aqui o aspecto heurístico da resolução de problemas através de exercícios que consistem basicamente em jogos e quebra-cabeças, ou dos assim chamados "provocadores cerebrais" *(brain-teasers)*. Adotei essa abordagem pelas seguintes razões:

1. Definições e explicações não bastam. É mais prático aprender as idéias lidando com problemas do que lendo muitas dicas úteis do tipo "faça isso" ou "faça aquilo".
2. Quebra-cabeças e jogos aproximam-se da experiência comum do dia-a-dia e, conseqüentemente, não exigem o conhecimento de um campo específico de estudo. Assim, podemos nos concentrar em técnicas ligadas à resolução de problemas, sem ser prejudicados pela falta de conhecimento específico. Ademais, estou interessado em desenvolver aptidões para a resolução de problemas aplicáveis a todas as áreas de esforço intelectual.
3. Acredito que todas as pessoas compreendem as coisas e se recordam melhor delas quando as descobrem por si próprias. Assim, meu objetivo é fornecer as experiências que levarão o aluno a descobrir como usar aptidões genéricas para solucionar problemas que se lhe deparam numa grande diversidade de situações.

Costuma-se dizer que só conseguimos apreender de alguma coisa aquilo que estamos preparados para colocar em prática. Para este livro, essa é a Regra de Ouro. Cada questão proposta aqui foi criteriosamente escolhida em função de um motivo específico — ilustrar, através da sua solução, as aptidões específicas para equacionar problemas. A fim de compreender completamente essas aptidões (e, portanto, a finalidade do problema) é importante que você *deixe o livro de lado e tente resolver o problema* quando isso for solicitado. Não se espera que você seja sempre bem sucedido, e na verdade não se saberá se você espiou ou não a resposta. Assim sendo, recomendamos que, se você deseja obter resultados satisfatórios da análise que acompanha todos os problemas, seja um leitor ativo. Isso significa que você deve deixar o livro de lado quando isso for pedido e tentar resolver o problema sozinho. No final de cada capítulo é apresentado um certo número de exercícios. Eles visam o reforço e a prática; cremos na veracidade da seguinte lei:

> O desenvolvimento da sua capacidade de resolver problemas está diretamente relacionado com a dimensão do esforço que você se dispõe a despender no sentido de encontrar solução para os exercícios.

Assim, se você não seguir este conselho, é possível que leia todo o texto sem que se verifique uma melhora significativa na sua capacidade de resolver problemas.

Com relutância, forneço, no final do livro, soluções para os exercícios, porque sei por experiência própria que todos temos tendência à preguiça. Conseqüentemente, quando a resposta é fornecida, mostramo-nos menos dispostos a despender tempo e energia para encontrar a solução do problema. Por isso, tentei apresentar não apenas uma resposta, mas uma descrição ou um esboço de como poderíamos obter a solução, empregando um método particular ou uma combinação dos métodos analisados no livro.

Esta obra resulta de uma aventura conjunta, iniciada há diversos anos, com meu bom amigo, Donald T. Piele, da Universidade de Wisconsin-Parkside. As idéias originais e a escolha dos problemas analisados são frutos dessa cooperação. Este livro não teria vindo a lume se não tivéssemos experimentado um relacionamento bastante produtivo durante minha permanência em Parkside. Serei sempre profundamente grato à sua influência nos meus esforços profissionais (este livro é uma parte deles), mas acima de tudo sempre prezarei sua amizade.

1
Organização do plano

Como foi mencionado no prefácio, o objetivo deste livro é fazer com que você aprenda a resolver melhor os problemas. Posto que viver implica uma série de problemas que devem ser solucionados, o sucesso na vida está evidentemente relacionado com a capacidade de se encontrar soluções adequadas para os problemas. Embora não possamos garantir que este livro vá transformá-lo instantaneamente num sucesso, um estudo esmerado dos seus princípios deverá muni-lo de aptidões proveitosas para que você possa abordar com maior confiança a solução de problemas.

Atormentadas pelos fracassos, muitas pessoas adotam a abordagem da "investida única" para solucionar os problemas. Se o equacionamento de um problema não é óbvio de imediato, elas desistem, desesperadas. Desse modo, nossa primeira meta é convencê-lo (caso você se inclua entre essas pessoas) de que ainda há esperança. Além disso, mostrarei que mesmo quando a sua primeira análise o deixa inseguro quanto ao próximo passo, a batalha está longe de estar perdida — se você estiver disposto a persistir. Uma das principais diferenças entre as pessoas que são bem sucedidas na resolução de problemas e as que não o são é que as primeiras são mais persistentes.

Organize-se — elabore um plano

O primeiro passo para solucionar qualquer problema consiste em organizar e elaborar um plano para direcionar seus esforços. De outro modo, você poderá perder tempo andando em círculos. Um plano permite-lhe decidir que ações deve realizar e qual a melhor ordem em que deve executá-las.

A análise de um problema

Quando queremos analisar um problema, é útil dividi-lo em três componentes — os *dados,* a *meta* e as *operações.* A meta é a razão da existência do problema; é o resultado que precisa ser alcançado. Os dados são a informação ou os fatos básicos fornecidos no enunciado do problema. As operações são as ações que podemos extrair dos dados para chegarmos à meta.

Como exemplo, analise uma situação comum em que o seu carro ficou sem gasolina a caminho do trabalho. Sua meta é chegar ao trabalho — pontualmente, você espera. Os dados são: você está duas milhas ao norte do seu local de trabalho, seu carro está sem gasolina, e você está uma milha ao sul de um posto de gasolina. Algumas das possíveis operações são: caminhar até o trabalho, tentar pegar uma carona até o trabalho, caminhar até o posto de gasolina, ou tentar pegar uma carona até o posto de gasolina. Para resolver o problema, você deverá decidir quais as ações a realizar e em que ordem deverá fazê-lo.

Como outro exemplo, suponha que você é entusiasta do ciclismo e que está percorrendo uma pista de bicicleta. Você deseja saber qual foi sua velocidade média nas primeiras cinqüenta milhas, percorridas em quatro horas. Para resolver esse problema, suspenda a leitura do texto e anote os *dados,* a *meta* e as *operações.* Os dados são que você andou cinqüenta milhas em quatro horas, e a relação em que a velocidade média (ou "razão", como é freqüentemente chamada) é igual à distância dividida pelo tempo. Essa relação familiar não é declarada explicitamente, mas pressupõe-se que você a conheça. A meta é determinar a velocidade média. Ela é obtida através das operações de substituir valores (distância e tempo) na relação e de efetuar a divisão. A maioria das pessoas poderia resolver o problema através do seu conhecimento prático das relações, sem passar pela formalidade de uma equação (p. ex., $r = d/t$), mas ela ilustra o processo.

Memória fraca? — *Seja mais organizado*

A resolução de problemas requer a manipulação e a integração de informações. Essas informações podem estar explicitamente formuladas no problema, ou podem ser consideradas como fazendo parte do nosso conhecimento comum. Além disso, no processo de resolução de um problema, freqüentemente são geradas novas informações. Assim sendo, um dos maiores obstáculos no processo da solução de problemas pode ser organizar e registrar as informações relevantes. Como o número de fatos e condições normalmente excedem a nossa capacidade de armazená-los facilmente na mente, temos de empregar símbolos e organizar as informações no papel.

Um dos métodos mais comuns de representar as informações na solução de problemas é empregar letras do alfabeto para substituir os objetos e as variáveis do problema. Por exemplo, em vez de dizer que a International Business Machines Corporation e a American Telephone and Telegraph Corporation estão envolvidas num empreendimento conjunto, nós nos referimos a um empreendimento conjunto da IBM e da AT&T. Da mesma forma, na fórmula do problema da bicicleta (r = d/t), "r" representa a razão, "d" a distância e "t" o tempo. Uma das vantagens do emprego dos símbolos é que eles nos fornecem uma maneira de representar o problema de forma concisa. Esse é um dos motivos para o uso dos símbolos aritméticos (+, —, ×, ÷ e =). Examine a diferença entre a declaração "trezentos e vinte e seis mais quinhentos e dezoito dividido por trinta mais cinqüenta e cinco é igual a oitenta e três vírgula um, três, três" e a sua representação simbólica: 326 + 518 ÷ 30 + 55 = 83,133.

Depois que as pessoas aprendem a usar símbolos para representar problemas, elas ainda podem encontrar dificuldade em traduzir as palavras e números de um problema para relações simbólicas concisas. Por exemplo, aprecie o seguinte problema:

Se Tom é duas vezes mais velho do que Howard será quando Jack for tão velho quanto Tom é agora, quem são o mais velho, o do meio, e o mais novo?

Ponha o livro de lado e tente resolver o problema. Ele pode ser resolvido se traduzirmos as palavras por símbolos e inferirmos as relações entre elas. Os elementos críticos são as idades dos três meninos. Apesar de o problema ser apresentado numa frase, ela contém tantas informações que estas se fundem umas com as outras. Conseqüentemente, cada parte tem de ser analisada em separado e representada por símbolos. Os matemáticos preferem usar letras como

X, Y, e Z, mas com freqüência é mais útil empregar uma letra que tenha relação com o objeto que está representando, como a primeira letra do nome do objeto.

A primeira parte do problema "Se Tom é duas vezes mais velho de que Howard será..." implica que Tom é mais velho que Howard, o que pode ser representado como T > H (caso você não se lembre, > significa "maior do que" e < significa "menor do que"). A parte seguinte, "...quando Jack for tão velho quanto Tom é agora...", implica que Tom também é mais velho do que Jack e pode ser representado por T > J.

Agora que nós conhecemos a relação entre Tom e Howard e entre Tom e Jack, precisamos estabelecer a relação entre Howard e Jack para terminar o problema. Isso pode ser descoberto indiretamente através de uma comparação mais rigorosa da idade de cada um dos meninos com a idade atual de Tom. O enunciado diz que quando Jack alcançar a idade atual de Tom (quando T = J — segunda parte do enunciado), a idade atual de Tom será duas vezes a de Howard (T = 2H — primeira parte do enunciado). Podemos ver assim que, num ponto específico no tempo, Tom será duas vezes mais velho do que Howard. A partir dessas duas relações, podemos então concluir que Jack deve ser mais velho do que Howard (J > H). Reunindo tudo, temos então que T > J e que J > H; portanto, Tom é o mais velho, Jack vem a seguir e Howard é o mais novo. Como você pode verificar, é muito importante estabelecer as relações entre os elementos ou componentes do problema.

Vejamos outro exemplo. Examine o Problema da Pescaria na Figura 1.1. *Ponha o livro de lado e tente resolver o problema.*

Figura 1.1. Problema da Pescaria.

Al, Dick, Jack e Tom estavam avaliando os resultados de um dia de pescaria: 1) Tom havia pescado mais peixes do que Jack; 2) Al e Dick haviam pescado tantos peixes quanto Jack e Tom; 3) Al e Tom não haviam pescado tantos peixes quanto Dick e Jack. Quem pescou mais peixes, quem foi o segundo, o terceiro e o último?

Como no problema anterior, é importante analisar os dados, atribuindo símbolos aos elementos e estabelecendo as relações entre eles. Vamos usar as primeiras letras de cada um dos nomes como símbolos. Com base na parte 1 do enunciado, podemos determinar a relação $T > J$. Da parte 2 podemos deduzir que A + D = T + J. Finalmente, com base na parte 3, podemos dizer que A + T < D + J.

A partir daqui, o problema pode ser resolvido através de um raciocínio bem-fundado. *Se você ainda não resolveu o problema, pare e tente novamente!*

Observe em primeiro lugar que a diferença entre as partes 2 e 3 é que Tom e Dick trocaram de lugar. Disso resultou que a balança se alterou em favor de Dick e Jack. Se você imaginar que tal coisa ocorreu na gangorra de uma pracinha, o que isso lhe diria a respeito dos pesos relativos de Dick e Tom? Significaria que Dick é maior do que Tom. Desse modo você pode concluir que D > T, ou que Dick pescou mais peixes do que Tom.

Reexamine a seguir a segunda relação, e pesquise o número relativo de peixes de Al e Jack. Como sabemos agora que Dick pescou mais peixes do que Tom, qual terá de ser a relação entre Al e Jack para que a parte 2 do enunciado seja verdadeira? Espero que você consiga ver que J > A, ou que Jack pescou mais peixes do que Al. Temos agora informações suficientes para resolver o problema. Dick pescou mais peixes do que Tom, Tom pescou mais do que Jack, e Jack, mais do que Al.

A segunda vantagem do emprego de símbolos é que podemos representar tanto as informações desconhecidas como as conhecidas num problema. Especialmente num problema de aritmética como o do ciclismo, o fato de poder representar as relações entre a distância, a razão e o tempo através de uma fórmula com símbolos como r = d/t representa uma economia enorme. Podemos então substituir os dados na fórmula, e a expressão passa a ser: r = 50 milhas/ 4 h = 12,5 milhas por hora.

A representação e a organização das informações do problema

Para problemas mais complexos do que os examinados até aqui, é essencial desenvolver uma maneira de organizar e registrar todas as informações geradas. Por exemplo, suponha que lhe pedissem para determinar de quantas maneiras podemos obter um 7 com um par de dados. Uma maneira de resolver o problema é simplesmente relacionar as possibilidades numa tabela e contá-las (veja Quadro 1.1). Existem seis maneiras de obtermos um 7. A tabela fornece um modo de organizar as informações, tal como começar com 1 no primeiro dado e contar os valores no segundo dado que somam 7. Colocamos então um 2 no primeiro dado, etc. Dessa maneira, poderemos ter certeza de que consideramos todas as possibilidades sem repetir ou deixar passar qualquer uma delas.

Quadro 1.1. As maneiras como um 7 pode ser obtido com um par de dados.

DADOS		TOTAL
1	2	
1	6	7
2	5	7
3	4	7
4	3	7
5	2	7
6	1	7

Desenhar gravuras, elaborar tabelas e fazer gráficos é outra maneira que as pessoas que sabem resolver bem problemas usam para compreendê-los melhor. O resultado é que fatos e relações são transformados em imagens e símbolos que colocam o problema numa forma visual, tornando-o fácil de ser entendido. Um benefício adicional é o fato de que o esforço consciente envolvido na transformação das palavras em imagens e símbolos contribui para uma melhor compreensão do problema.

Como outro exemplo, examine o Problema do Excesso de Trabalho da Bibliotecária na Figura 1.2. *Suspenda a leitura e comece a resolver esse problema* organizando a informação por dias.

Figura 1.2. O Problema do Excesso de Trabalho da Bibliotecária.

A funcionária da nossa biblioteca local tem estado muito ocupada. Na segunda-feira ela catalogou apenas alguns dos novos livros que chegaram. Na terça-feira, recebeu tantos livros quantos tinha deixado de catalogar na segunda, e catalogou dez. Na quarta-feira, recebeu mais doze livros do que na segunda-feira e catalogou tantos quantos tinha catalogado naquele dia. Na quinta-feira chegaram três vezes mais livros do que ela tinha catalogado na quarta, e ela catalogou oito. Na sexta-feira, chegaram seis livros e foram catalogados doze menos do que os que foram recebidos na quarta-feira. No sábado ela pôde catalogar os restantes dezesseis livros porque a biblioteca estava fechada. Quantos livros chegaram na segunda-feira?

Existe informação suficiente neste problema para exigir o uso de papel e lápis. Uma maneira de usá-los na organização do problema é construir uma tabela como a do Quadro 1.2. *Ponha o livro de lado e preencha essa tabela se você ainda não fez algo parecido com isso.*

Quadro 1.2. Tabela inicial para o Problema do Excesso de Trabalho da Bibliotecária.

	LIVROS RECEBIDOS	LIVROS CATALOGADOS
Segunda-feira		
Terça-feira		
Quarta-feira		
Quinta-feira		
Sexta-feira		
Sábado		

A meta deste problema é encontrar o número de livros que foram recebidos na segunda-feira. Como no início esse número é desconhecido, podemos representá-lo pela letra "R", de "recebido". O número de livros catalogados na segunda-feira também é desconhecido — chamemos esse número de "C", de "catalogado". Os livros recebidos e catalogados nos dias subseqüentes podem ser então registrados em função das suas relações com R e C ou através de números reais quando esses forem fornecidos. Por exemplo, examine a terceira frase do problema. A frase "Na terça-feira ela recebeu tantos livros quantos deixou de catalogar na segunda" pode ser representada como a diferença entre R (os que foram recebidos na segunda-feira) e C (os que foram catalogados na segunda-feira), ou $R - C$. Todo o problema pode ser registrado de maneira semelhante, como se mostra no Quadro 1.3.

Quadro 1.3. Representação das informações do Problema do Excesso de Trabalho da Bibliotecária.

	LIVROS RECEBIDOS	LIVROS CATALOGADOS
Segunda-feira	R	C
Terça-feira	$R - C$	10
Quarta-feira	$R + 12$	C
Quinta-feira	3C	8
Sexta-feira	6	R
Sábado		16

O número total de livros recebidos é a soma dos números da coluna do lado esquerdo, e o número total de livros catalogados é a soma dos números da coluna do lado direito. É importante perceber que como todos os livros recebidos foram catalogados antes do final da semana, os totais das duas colunas devem ser iguais. Ao concluir a solução você poderá imaginar duas pilhas iguais de livros em cada prato de uma grande balança, onde uma representa os livros recebidos e a outra os livros catalogados. Como algumas das quantidades ainda são desconhecidas, você pode simplificar a relação adicionando ou subtraindo quantidades iguais de cada lado mesmo que não conheça os números verdadeiros.

Observando as duas colunas, poderá ver que R livros foram recebidos na segunda-feira e R livros foram catalogados na sexta, de modo que você pode

Quadro 1.4. Balanço dos livros recebidos e catalogados no Problema do Excesso de Trabalho da Bibliotecária.

	LIVROS RECEBIDOS	LIVROS CATALOGADOS
Segunda-feira	R̷	C̷
Terça-feira	R − C̷	1̷0̷
Quarta-feira	R + 1̷7̷	C̷
Quinta-feira	3̷C̷	8̷
Sexta-feira	8̷	R̷
Sábado		16
Total	2R	16

eliminá-los. Da mesma forma, o total catalogado na segunda-feira e na quarta (C + C) totaliza 2C, e o total recebido na quinta-feira foi 3C, de modo que podemos retirar 2C de ambos os lados deixando C livros recebidos na quinta-feira. A seguir, os C livros restantes recebidos na quinta-feira cancelam o − C do R − C recebidos na terça-feira (C − C = 0). Finalmente, podemos eliminar os doze livros conhecidos do lado esquerdo e doze dos 34 livros conhecidos do lado direito. Isso deixa 2R livros no lado esquerdo e dezesseis livros no lado direito. Os resultados dessas operações são apresentados no quadro 1.4. Se 2R = 16, então R = 8, e nós sabemos agora que foram recebidos oito livros na segunda-feira.

É raro que apenas uma técnica de solução seja suficiente para resolver um problema. Normalmente precisamos de uma combinação de várias técnicas. O próximo exemplo mostra que para ser bem sucedido quase sempre é necessário, mas não suficiente, organizar a pesquisa da solução. A inferência e o método das tentativas, abordados no próximo capítulo, são técnicas de solução que também podem ser úteis na maioria dos problemas. O Problema dos Dominós, na Figura 1.3, ilustra esse ponto. *Deixe o livro de lado e tente resolver este problema.*

Um jogo completo de dominó (28 peças de "00" a "66") foi colocado sobre uma mesa segundo um padrão retangular, com alguns dominós no sentido vertical e outros no horizontal, mas todas as peças tocam pelo menos uma das outras. Alguém anotou as posições de cada número mas não desenhou os contornos das peças. Uma peça de dominó consiste num pequeno retângulo preto, feito de madeira ou de plástico. Há uma linha que divide a peça em duas, e cada metade possui um determinado número de

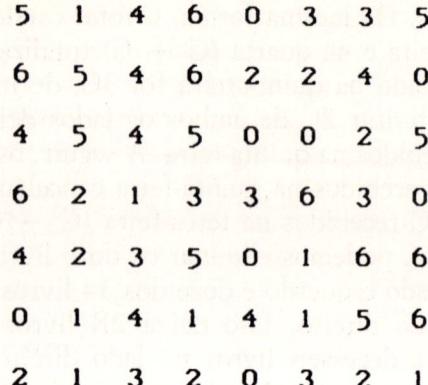

Figura 1.3. Problema dos Dominós.

pontos. O número de pontos pode variar de 0 a 6. No problema, os números representam a quantidade de pontos de cada metade de cada peça do jogo. A tarefa, portanto, é determinar quais os números que estão reunidos e que compõem as peças do dominó. Será que você conseguirá recompor os contornos?

Uma maneira de começar a resolver este problema é elaborar uma relação sistemática de todas as 28 peças do jogo, como no Quadro 1.5. Depois, à

Quadro 1.5. Método para registrar as peças do dominó encontradas.

00						
01	11					
02	12	22				
03	13	23	33			
04	14	24	34	44		
05	15	25	35	45	55	
06	16	26	36	46	56	66

medida que cada uma for descoberta no problema, poderá ser eliminada da relação para ajudar a encontrar as que ainda não foram descobertas.

Devemos começar tentando encontrar pares que *têm* de estar juntos para formar as peças porque aparecem juntos apenas uma vez no problema. As mais fáceis de identificar são aquelas que só podem ocorrer numa única combinação. Por exemplo, 00 e 55 só podem ocorrer uma vez, ao passo que 65 ou 14 poderão ocorrer em vez de 56 ou 41. Além disso, esses pares estão adjacentes uns aos outros quatro vezes diferentes. À medida que identificamos as peças, não apenas chegamos mais perto da meta, como também torna-se mais fácil selecionar as restantes. Por exemplo, depois de identificar o 55, existe apenas uma possibilidade para o 45; uma vez que este último tenha sido determinado, existe uma única possibilidade para o 44. Essa informação pode ser registrada como se apresenta no Quadro 1.6. *Suspenda a leitura e continue a resolver o problema.*

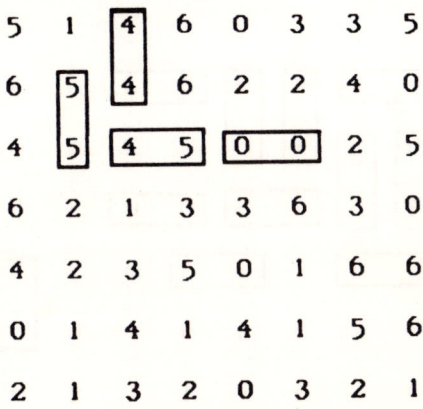

Figura 1.4.

Quadro 1.6. As primeiras quatro peças do dominó eliminadas da relação.

~~00~~						
01	11					
02	12	22				
03	13	23	33			
04	14	24	34	~~44~~		
05	15	25	35	~~45~~	~~55~~	
06	16	26	36	46	56	66

A essa altura já identificamos um número suficiente de peças através do processo das tentativas para ser capazes de descobrir outras pela geometria dos contornos. No canto esquerdo superior, 51 e 64 têm de estar agrupados para que não sobre um número isolado que não poderia ser usado para formar uma peça do jogo. Outra maneira de usar as informações prévias é lembrar que uma vez que um par tenha sido usado ele não poderá ser usado novamente. É aí que a eliminação dos pares da relação é útil. Como

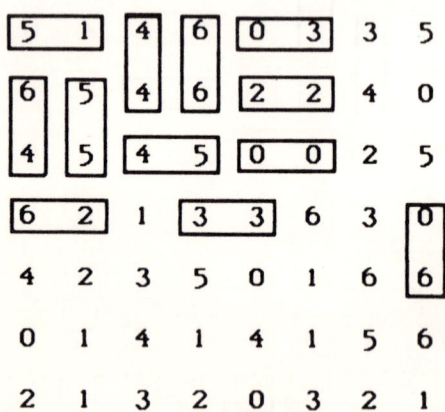

Figura 1.5.

o 64 já foi usado, o 6 no meio da primeira coluna deve ser juntado com o 2. Se continuarmos dessa maneira, o quadro terá a aparência apresentada na Figura 1.5, e a nossa lista de conferência é mostrada no Quadro 1.7. *Ponha o livro de lado e complete o quadro se ainda não o fez.*

Podemos agora encontrar muitos pares, verificando se só existe uma maneira de formá-los. A solução completa do problema é apresentada na Figura 1.6.

Quadro 1.7. As primeiras doze peças eliminadas da relação.

~~00~~						
01	11					
02	12	~~22~~				
~~03~~	13	23	~~33~~			
04	14	24	34	~~44~~		
05	~~15~~	25	35	~~45~~	~~55~~	
~~06~~	16	~~26~~	36	~~46~~	56	~~66~~

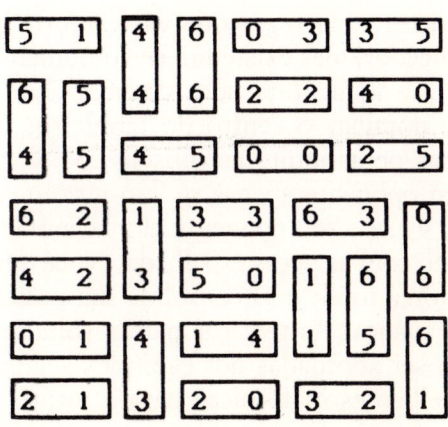

Figura 1.6.

Técnicas "versus" regras

Minha meta, como declarei no início deste capítulo, é ensinar técnicas gerais que possam ser empregadas para abordar qualquer tipo de problema. Isso se opõe às regras ou algoritmos que aprendemos num livro de matemática para resolver determinados problemas. Por exemplo, na álgebra elementar, aprendemos a traduzir para equações algébricas tipos específicos de problemas com enunciados descritivos usando variáveis como X e Y, e depois a aplicar métodos especiais para obter uma solução. Enquanto os problemas podem ser resolvidos de uma maneira semelhante, tudo vai bem. O que você faz, porém, quando não consegue prosseguir, ou quando o problema não se encaixa perfeitamente em alguma categoria que você conhece? É aqui que as aptidões e técnicas apresentadas neste e nos capítulos seguintes se tornam valiosas.

Exemplificando tais técnicas, examinemos o jogo de damas. A meta é capturar as peças do oponente, e as operações são os lances lícitos. Ninguém pode fornecer uma regra que vai garantir que você será o vencedor, mas existe um certo número de boas técnicas que aumentará suas chances. Eis algumas delas: 1) dominar o centro do tabuleiro; 2) evitar deixar suas peças muito espalhadas; 3) trocar peças com o seu oponente apenas se isso visa um objetivo definido; 4) se o seu oponente estiver numa posição vulnerável, com as peças espalhadas, você deverá atacar com força total; e 5) consolide sua posição à medida que avança. As técnicas para a solução de problemas, a ser abordadas nos capítulos seguintes, são bem semelhantes às técnicas para a vitória no jogo de damas. Elas fornecem meios para avançar sistematicamente numa diversidade de situações.

Resumo

Como ocorre com a maioria das coisas na nossa vida, logramos muito mais êxito na resolução de problemas quando somos organizados e adotamos uma abordagem sistemática. Geralmente é útil analisar um problema em função de três componentes principais — os *dados,* a *meta* e as *operações* (que podem ser executadas na esfera do problema). Isso nos ajuda a prestar atenção de maneira consciente a detalhes que de outra forma poderiam ser desprezados e a reconhecer suposições e interpretações que fazemos.

Embora haja diferenças entre as pessoas, todos temos uma capacidade de memorização limitada, sobretudo a curto prazo. Assim sendo, convém fazer tudo o que for possível para compensar essa limitação. Uma técnica consiste em selecionar alguns símbolos adequados para representar os elementos básicos do problema. Afora isso, é importante encontrar um bom método para organizar a informação que geramos a partir da análise do problema e as informações produzidas quando tentamos analisá-lo. Em geral é bastante salutar empregar para isso algum tipo de quadro ou gráfico.

Problemas complementares

Cabo-de-guerra

Certo dia Susan, Marie, Karen e Angie estavam brincando de cabo-de-guerra. Embora fosse difícil, Marie conseguia puxar Susan e Karen juntas. Marie e Susan, de igual maneira, logravam puxar Angie e Karen, e nenhum dos pares era capaz de mover o outro. Contudo, se Karen e Susan trocavam de lugar, Angie e Susan ganhavam facilmente. Das quatro meninas, quem era a mais forte, a segunda mais forte, e assim por diante?

A fazenda de gado leiteiro

Quatro vacas pretas e três vacas marrons fornecem tanto leite em cinco dias quanto três vacas pretas e cinco vacas marrons o fornecem em quatro dias. Que espécie de vaca é melhor fornecedora de leite, a preta ou a marrom?

Os trens

Se um trem de passageiros demora duas vezes mais para ultrapassar um trem de carga depois que o alcança do que os dois trens demoram para passar um pelo outro quando estão indo em direções opostas, quantas vezes o trem de passageiros é mais rápido do que o trem de carga?

Inversão

O objetivo é reagrupar os dígitos 4231 de modo que apareçam na ordem numérica 1234. Cada movimento consiste na inversão de dois, três ou quatro dos dígitos em série, começando pela esquerda. Por exemplo, começando com 4231, se você inverter os três primeiros dígitos, o resultado será 3241. O objetivo é ir de 4321 até 1234 em apenas quatro inversões.

Três movimentos

Coloque três pilhas de fósforos sobre uma mesa, uma com onze fósforos, a segunda com sete, e a terceira com seis. Você deverá mexer nos fósforos de forma que cada pilha fique com oito fósforos. Você só pode acrescentar a uma pilha o mesmo número de fósforos que ela contém, e todos os fósforos têm de sair de uma só pilha. Por exemplo, se uma pilha tem seis fósforos, você poderá acrescentar-lhe seis fósforos, nem mais nem menos. Você tem três chances.

A contagem dos quadrados

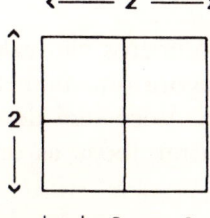

quadrado 2 por 2

Quantos quadrados você vê? Quatro? Cinco? Há quatro quadrados cujos lados têm uma unidade de comprimento e um quadrado cujos lados apresentam duas unidades. Temos então cinco quadrados.

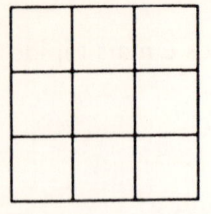

quadrado 3 por 3

Quantos quadrados você vê?
Número de quadrados de 1 unidade de comprimento ....
Número de quadrados de 2 unidades de comprimento ....
Número de quadrados de 3 unidades de comprimento ....
Total ....

Em outro pedaço de papel, desenhe um quadrado 4 por 4 e um 5 por 5. Conte os quadrados, registre seus resultados em algum tipo de tabela, e relacione o número de quadrados com lados de n unidades, 2n unidades, etc., até atingir o mais alto valor de n. Sem desenhar um arranjo 6 por 6, quantos quadrados com lados de cada unidade de comprimento você espera encontrar?

Vinte

Há três maneiras de somar quatro números ímpares e obter 10:

$$1 + 1 + 3 + 5 = 10$$

$$1 + 1 + 1 + 7 = 10$$

$$1 + 3 + 3 + 3 = 10$$

As inversões na ordem dos números não valem como novas soluções. Descubra agora oito números ímpares que, somados, dão vinte. Você terá de ser sistemático para conseguir encontrar todas as onze soluções.

O mensageiro

Três pessoas chegaram ao Hotel Nelson e ao todo pagaram 30 dólares por um quarto. Mais tarde, o gerente descobriu haver cometido um engano e que os hóspedes tinham pago a mais. Mandou então o mensageiro devolveu-lhes 5 dólares. No caminho, o mensageiro decidiu se apropriar da sua gorjeta (para ter certeza de recebê-la) e reteve 2 dólares para si, devolvendo apenas 3 aos hóspedes. Assim, cada hóspede pagou apenas 9 dólares pelo quarto, ficando o mensageiro com 2. Isso perfaz um total de 27 + 2 = 29. O que aconteceu ao outro dólar?

Troco

De quantas maneiras você pode trocar 1 *quarter* (moeda americana de 25 *cents*) usando qualquer combinação de *pennies* (moedas de 1 *cent*), *nickels* (moedas de 5 *cents*), ou *dimes* (moedas de 10 *cents*)? (Quatro *quarters* somam 1 dólar, 100 *pennies* idem, 20 *nickels* idem, e 10 *dimes* idem.)

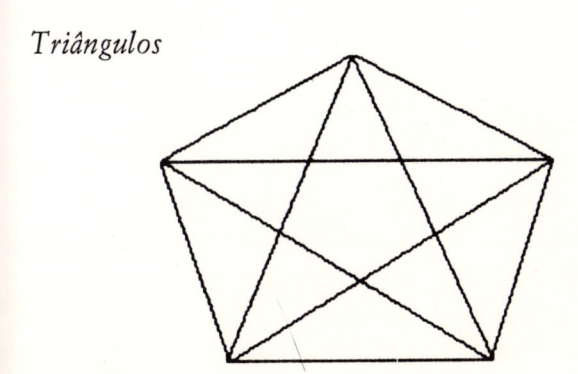

Triângulos

Quantos triângulos há na figura?

Fechem os seus armários

Há cinqüenta alunos e cinqüenta armários (numerados de 1 a 50) na Gauss High School. No início, todos os armários estavam fechados. Então, o primeiro aluno aproximou-se e os abriu todos. Depois, o segundo aluno se aproximou e fechou cada segundo armário. O terceiro aluno então se acercou e inverteu a situação de cada terceiro armário (se estava aberto ele o fechava, se estava fechado, ele o abria). O quarto aluno inverteu a situação de cada quarto armário, etc. Finalmente, o qüinquagésimo aluno inverteu a situação do qüinquagésimo armário (o último). Agora, quais os armários abertos?

Dólares de prata

O casaco de Bob tem dez bolsos e 44 dólares de prata. Ele quer distribuir os dólares de prata pelos bolsos de modo que cada um contenha um número diferente de dólares. Ele conseguirá fazer isso?

2
Inferência

Além da utilização de símbolos, da organização e da descoberta de representações úteis para as informações, uma das técnicas principais para a solução de problemas é a inferência. *Grosso modo,* "inferência" é sinônimo de raciocínio lógico. Embora um curso de introdução à lógica certamente extrapole o escopo deste livro, abordaremos alguns dos componentes básicos da inferência, mostrando como são usados na resolução de problemas. A maioria de nós possui aptidões lógicas fundamentais, do contrário não seríamos capazes de solucionar os inúmeros problemas que enfrentamos no dia-a-dia. Contudo, é sobremodo interessante o fato de não aplicarmos essas aptidões de forma tão sistemática e consistente quanto deveríamos. O raciocínio lógico é muito útil, pois permite que determinemos novas informações (conclusões) a partir de informações correlatas que já possuímos. Desse modo, as informações contidas num problema podem ser relacionadas através de uma cadeia lógica até que finalmente encontremos uma solução. Em geral, o raciocínio lógico pode ser classificado ou como dedutivo ou como indutivo. Uma das principais diferenças entre os dois é que na dedução podemos ter certeza de chegar a uma conclusão (embora ela possa não ser sempre verdadeira), ao passo que na indução contamos apenas com gradações variadas de confiança numa conclusão necessariamente falsa. Vamos analisar agora algumas das outras distinções entre as duas no que diz respeito à sua aplicação a situações práticas.

A dedução

Na forma mais simples de raciocínio dedutivo, começamos com pelo menos duas afirmações ou fatos correlatos (chamados premissas), a partir dos quais podemos extrair uma conclusão. Se ambas as afirmações forem verdadeiras, a conclusão também deverá sê-lo, se a nossa lógica for bem-fundada. Por exemplo, aceitemos que as duas afirmações que se seguem são verdadeiras: 1) Todos os políticos são desonestos; 2) todas as pessoas desonestas são mentirosas. A partir dessas afirmações podemos deduzir com certeza que todos os políticos são mentirosos, e isso aumenta o nosso conhecimento. Há vários tipos de erros lógicos que cometemos, como, por exemplo, concluir a partir do que foi apresentado acima, ou seja, que todos os mentirosos são políticos. Afora isso, às vezes extraímos conclusões insustentáveis, não em virtude de falhas lógicas, mas porque temos determinadas tendências que influenciam inadequadamente o raciocínio. Por exemplo, a conclusão de que todos os políticos são mentirosos poderá não ser verdadeira, pois uma das premissas (todos os políticos são desonestos?) poderá não sê-lo.

Com referência à resolução de problemas, provavelmente a maior dificuldade com que nos deparamos, diz respeito ao raciocínio lógico, é o fracasso em perceber em primeiro lugar as inferências necessárias. Um dos motivos para isso é que com freqüência todas as informações essenciais à solução do problema não se acham explicitamente declaradas; são consideradas como parte do conhecimento comum ou como uma característica habitual de um objeto que é abordado no problema. Conseqüentemente, algumas das inferências necessárias baseiam-se em afirmações implícitas ou "ocultas".

Por exemplo, suponha que você está se preparando para ir a um piquenique. Um amigo pode lhe informar que está apenas começando a chover, esperando que você lance mão dessa informação juntamente com outra, implícita na sua própria experiência (a chuva faz com que você se molhe e sinta desconforto) para concluir que deveria reconsiderar seus planos. Ao resolver problemas, portanto, é sempre oportuno rever os dados e anotar qualquer informação implícita que pareça remotamente relevante. Com freqüência, ela se revela muito importante.

A indução

Antes de tentar efetivamente resolver um problema, a partir da inferência, vamos abordar rapidamente outra forma de raciocínio: a indução. Como já aludimos, o que distingue a indução da dedução é que na primeira nunca podemos ter certeza das conclusões. Isso ocorre porque a indução depende de um conjunto de experiências específicas a partir das quais um padrão consistente pode ser inferido. Nossas conclusões, portanto, assumem a forma de uma afirmação ou regra geral que se aplica à maior parte dos objetos como aqueles observados. Por exemplo, suponha que você conheça quatro pessoas ruivas e sardentas. Tal fato poderá levar você a concluir (de modo indutivo) que todas as pessoas ruivas são sardentas e vice-versa. Sua confiança nessa indução estaria diretamente relacionada com o número de observações compatíveis com ela. Assim, se lhe disserem que Pamela Johnson é ruiva, você provavelmente concluirá (com base nas suas observações de que as pessoas ruivas têm sardas) que ela também é sardenta. Contudo, você não pode ter certeza absoluta da sua conclusão, porque Pamela poderá ser diferente de todas as pessoas ruivas que você já conheceu até agora. Vamos ver, a seguir como a inferência é usada na resolução de problemas.

Os dados

Como demonstramos no capítulo 1, ao analisarmos um problema devemos começar com os *dados*. Na verdade, alguns problemas podem ser praticamente resolvidos se fizermos apenas isso. Exemplificando, *interrompa a leitura e tente solucionar o Problema dos Jogadores de Tênis na Figura 2.1*.

Três jogadores profissionais de tênis — Larry, Arthur e Don — estão fazendo um levantamento do dinheiro obtido durante o ano. Arthur é solteiro. O mais velho dos três tem uma filha que está aprendendo a jogar tênis. Larry é o que ganha menos dinheiro, mas não é o mais novo. O mais velho tem a maior renda. Relacione os jogadores por ordem crescente de idade.

Figura 2.1. O Problema dos Jogadores de Tênis.

Da primeira afirmação, "Arthur é solteiro," e a partir das nossas observações de que a maioria dos solteiros não tem filhos (indução), podemos inferir que é bastante provável que Arthur não tenha filhos. Da segunda afirmação, "o mais velho dos três tem uma filha que está aprendendo a jogar tênis", e a partir da nossa constatação de que a maioria das pessoas que têm filhos é casada (outra indução), podemos inferir que o mais velho é provavelmente casado. Afigurar-se-á uma perda de tempo formular todas essas inferências nesse ponto, porque algumas delas poderão mostrar-se irrelevantes. Contudo, a experiência diz que é melhor descartar mais tarde informações irrelevantes do que deixar passar alguma informação fundamental para a solução do problema.

Antes de continuar a análise do problema, precisamos estabelecer um método para representar e organizar as informações do problema. Nesse caso, a meta nos fornece um indício. Como qualquer um dos três jogadores poderia ocupar indistintamente uma das três posições da relação final, ser-nos-ia possível usar uma tabela como a apresentada no Quadro 2.1. Simplesmente relacionamos todas as possibilidades e verificamos se algumas podem ser sustentadas ou eliminadas, utilizando as informações contidas no problema. Isso também fornece uma maneira útil de acompanhar as novas informações que obtemos enquanto solucionamos o problema.

Quadro 2.1. Tabela inicial para o Problema dos Jogadores de Tênis.

	MAIS NOVO	DO MEIO	MAIS VELHO
Arthur	?	?	?
Larry	?	?	?
Don	?	?	?

Anteriormente, inferimos da primeira afirmação que Arthur não tem filhos. Baseados nisso e também na segunda afirmação, podemos deduzir que Arthur não pode ser o mais velho; devido à terceira declaração, descobrimos que Larry não é o mais novo. Vamos introduzir essas informações na tabela para não esquecê-las (veja Quadro 2.2).

Quadro 2.2. O Problema dos Jogadores de Tênis parcialmente resolvido.

	MAIS NOVO	DO MEIO	MAIS VELHO
Arthur	?	?	Não
Larry	Não	?	?
Don	?	?	?

A priori, você poderá questionar a importância de observar o que as pessoas não são, além do que elas são. Contudo, como verá freqüentemente, é possível mostrar que as informações contradizem todas menos uma das premissas. Então, logicamente, a alternativa que resta deve ser a correta, embora não possamos provar isso diretamente.

Por exemplo, ao comparar a terceira com a quarta afirmação, podemos inferir que Larry não é o mais velho porque não é ele quem ganha mais dinheiro, e quem ganha mais dinheiro é o mais velho. Se Larry não é o mais novo, e não é o mais velho, podemos inferir então que ele tem de estar no meio, porque essa é a única possibilidade que resta. Além disso, se Larry está no meio podemos também inferir que nem Arthur nem Don podem estar no meio. Está na hora de atualizarmos nossa tabela (veja Quadro 2.3). Você agora já deve ser capaz de constatar a utilidade desse tipo de tabela: ela torna todas as informações facilmente acessíveis, de modo que possam ser empregadas na continuação da análise do problema.

Quadro 2.3. O Problema dos Jogadores de Tênis praticamente resolvido.

	MAIS NOVO	DO MEIO	MAIS VELHO
Arthur	?	Não	Não
Larry	Não	Sim	Não
Don	?	Não	?

Ao analisarmos mais profundamente as informações da tabela, vemos que Arthur não está no meio e nem é o mais velho. Logo, ele deve ser o mais novo, de forma que também podemos inferir que Don não

45

é o mais novo. Se Don não é o mais novo e não está no meio (porque Larry é o do meio), podemos inferir que ele deve ser o mais velho. Isso revela como é importante fazer uma representação útil para o problema visando manter as informações organizadas de maneira que possam ser usadas adequadamente na continuação da análise do problema. Assim, resolvemos o problema continuando a fazer inferências a partir dos dados, atualizando informações e tentando acrescentar inferências. No Problema dos Jogadores de Tênis, para obter uma solução foi necessário apenas extrair inferências dos dados. Examinemos agora um exemplo mais difícil, que requer procedimento semelhante. Encontramo-lo na Figura 2.2. *Interrompa a leitura e tente resolvê-lo!*

Figura 2.2. O Problema dos Colegas de Banco.

O gerente, o contador, o caixa e o auditor do nosso banco são a sra. Green, a sra. White, o sr. Black e o sr. Brown, mas eu nunca consigo dizer quem faz o quê. 1) O sr. Brown é mais alto do que o auditor e do que o caixa; 2) o gerente almoça sozinho; 3) a sra. White joga cartas com o sr. Black; 4) o mais alto dos quatro joga basquete; 5) a sra. Green almoça com o auditor e com o caixa; 6) o sr. Black é mais velho do que o auditor; 7) o sr. Brown não pratica esportes. Você pode me ajudar a distinguir com certeza quem faz o quê?

Tal como antes, começamos por tentar extrair todas as inferências adicionais possíveis dos dados. Desta vez, vamos enumerá-las, dando seqüência às sete afirmações relacionadas no problema. Baseados na primeira afirmação e no nosso conhecimento lógico de que não podemos ser mais altos do que nós mesmos, é pertinente inferir que:

8. Brown não é nem o auditor nem o caixa.

Analogamente, a partir da quinta afirmação, podemos inferir que:

9. Green não é nem o auditor nem o caixa.

É razoável inferir das afirmações 2 e 5 que:

10. Green também não é o gerente.

Da afirmação seis inferimos que:

11. Black não é o auditor.

Podemos inferir da quarta e da sétima declarações que:

12. Brown não é o mais alto dos três.

Antes de prosseguir com as inferências adicionais, é necessário encontrar uma maneira de acompanhar as informações diretamente relacionadas com a solução. É conveniente elaborar uma tabela semelhante à do Problema dos Jogadores de Tênis, relacionando os nomes em ordem vertical e as ocupações na horizontal no cabeçalho da tabela. No Quadro 2.4 temos um exemplo das informações obtidas até agora.

Quadro 2.4. Representação dos elementos do Problema dos Colegas de Banco.

	GERENTE	CONTADOR	CAIXA	AUDITOR
Black	?	?	?	Não
Brown	?	?	Não	Não
White	?	?	?	?
Green	Não	?	Não	Não

Com base nas informações da tabela, podemos inferir agora que White (e mais ninguém) é o auditor; e que Green (e ninguém mais) é o contador. Tais informações (com negativas adicionais implícitas) são apresentadas no Quadro 2.5.

Quadro 2.5. Solução parcial do Problema dos Colegas de Banco.

	GERENTE	CONTADOR	CAIXA	AUDITOR
Black	?	Não	?	Não
Brown	?	Não	Não	Não
White	Não	Não	Não	Sim
Green	Não	Sim	Não	Não

Analisando as informações da tabela mais uma vez, podemos inferir que Black é o caixa, e Brown, o gerente. O problema está resolvido. Ele revela bem a importância de acompanhar as informações visando utilizá-las com mais eficiência na obtenção de inferências válidas.

Metas

O Problema dos Jogadores de Tênis e o dos Colegas de Banco demonstram a relevância de extrair inferências adicionais dos dados. Para constatar a importância de tirar inferências das metas como o principal recurso para resolver um problema, considere o Problema do Retrato Pago em Ouro, da Figura 2.3. *Suspenda a leitura e tente resolver o problema.*

Figura 2.3. O Problema do Retrato Pago em Ouro.

Há muitos anos, quando inexistia o sistema monetário oficial, uma rica condessa conservava seu dinheiro em barras de ouro com 15 centímetros de comprimento. Certo dia ela contratou um artista para pintar-lhe o retrato, com o qual ela presentearia o marido por ocasião de seu aniversário. O artista disse que o retrato ficaria pronto em uma quinzena e que ele queria receber 1 centímetro de ouro por dia. A condessa concordou, mas quando procurou o seu ourives, este lhe informou que os cortadores de ouro estavam muito ocupados e que só teriam tempo de fazer três cortes na sua barra de ouro nos próximos quinze dias. Depois de pensar um pouco, a condessa encontrou uma maneira de atender às exigências do artista, cortando a barra em apenas quatro partes. Como ela fez isso?

Através da análise dos dados, não podemos inferir muita coisa além do que é fornecido. Ao analisar a meta, parece claro que o artista precisa ser pago à taxa de 1 centímetro de ouro por dia, com a restrição de que isso precisa ser feito cortando-se a barra de 15 centímetros em apenas quatro pedaços. A dificuldade começa na determinação de quais as operações possíveis, dada a meta especificada. Quando você lê a afirmação "Ele desejava receber 1 centímetro de ouro por dia", provavelmente infere que a única alternativa possível seria dar ao artista 1 centímetro de ouro por dia. Entretanto, como isso requer que a barra seja cortada em quinze partes, essa obviamente não é uma solução aceitável. *Interrompa a leitura e tente, mais uma vez, resolver o problema.*

Na verdade, o artista precisa obter apenas, a cada dia, mais 1 centímetro de ouro do que possuía no dia anterior; ele não precisa receber literalmente um pedaço de ouro de 1 centímetro a cada dia. Se você puder responder à pergunta seguinte, deverá ser capaz de fazer a inferência necessária para resolver o problema. Como você poderia dar 50 dólares a alguém se só tivesse uma nota de 1 dólar? A resposta a essa pergunta poderá levá-lo a inferir que a condessa deve ter cortado sua barra em partes de modo a poder efetuar trocas com o artista a cada dia, deixando-o com 1 centímetro de ouro a mais do que no dia anterior. *Ponha o livro de lado e tente resolver o problema se você ainda não o fez!*

As operações consistem agora em encontrar os menores pedaços que permitirão à condessa realizar trocas para alcançar a meta com apenas quatro pedaços. Antes de continuar, precisamos encontrar uma maneira de representar a informação. Para tanto, seria útil elaborar uma tabela onde fossem relacionados os dias, os pedaços entregues ao artista pela condessa e os que ficaram com o artista. A tabela que fornece todas as informações geradas consta do Quadro 2.6.

As operações

Até aqui abordamos a importância de extrair inferências dos dados e das metas. Vamos verificar agora como podemos resolver problemas fundamentalmente através da elaboração de inferências importantes com relação às operações a ser executadas. Examine o Problema do Colar de Ouro na Figura 2.4. *Ponha o livro de lado, e tente resolvê-lo,* prestando especial atenção à obtenção de inferências sobre as operações. Seguindo a ordem habitual, primeiramente vamos analisar os dados.

Quadro 2.6. A solução do Problema do Retrato Pago em Ouro.

DIAS	PEDAÇOS ENTREGUES AO ARTISTA	PEDAÇOS RETOMADOS	PEDAÇOS EM PODER DO ARTISTA
1	1		1
2	2	1	2
3	1		2, 1
4	4	2, 1	4
5	1		4, 1
6	2	1	4, 2
7	1		4, 2, 1
8	8	4, 2, 1	8
9	1		8, 1
10	2	1	8, 2
11	1		8, 2, 1
12	4	2, 1	8, 4
13	1		8, 4, 1
14	2	1	8, 4, 2
15	1		8, 4, 2, 1

Figura 2.4. O Problema do Colar de Ouro.

Uma moça ganhou quatro pedaços separados de uma corrente de ouro, cada um com três elos. Os elos estão soldados. Ela gostaria de mandar fazer um colar para sua mãe com os doze elos formando uma corrente completa. O joalheiro forneceu-lhe os preços: 2 dólares para abrir um elo e 3 para fechá-lo. A moça dispõe apenas de 15 dólares para pagar ao joalheiro. Como será possível confeccionar o colar por esse preço?

A informação dada é bastante simples, e a única inferência que parece relevante pelo menos remotamente é que o preço para abrir e fechar um elo é 5 dólares. A meta também é bastante clara. Começamos com quatro pedaços de corrente e queremos transformar isso numa só peça. Somos informados de que a abertura de um elo custa 2 dólares e o fechamento, 3, dispondo-se tão-só de 15 dólares para pagar o trabalho.

Como foi indicado, existe uma inferência muito importante com relação à maneira como as operações são executadas, e que é a chave para a solução do problema. *Suspenda a leitura e tente resolver o problema se ainda não o fez.*

Você deve ter ficado confuso ao tentar juntar os quatro pedaços de corrente pelas suas extremidades. Independentemente da maneira como você tentar fazê-lo, isso implicará abrir e fechar quatro elos (uma para cada extensão) ao preço de 20 dólares. Para gastar apenas 15, você terá de encontrar uma maneira de unir as correntes abrindo e fechando apenas três elos. Através dessa simples inferência, observe mais uma vez, cuidadosamente, os dados. *Deixe o livro de lado e tente resolver o problema se ainda não o fez.*

A idéia fundamental é que é possível abrir todos os elos de um pedaço e depois usá-los para unir os três pedaços restantes. Provavelmente, a melhor maneira de representar as informações desse problema é desenhar figuras ou gráficos que mostrem os vários pedaços da corrente.

Vamos nos dedicar agora a um problema mais complicado, que requer o uso de inferências sobre as operações. Ele se encontra na Figura 2.5. *Interrompa a leitura e tente resolvê-lo.*

Figura 2.5. O Problema da Moeda de Ouro.

O tio de Tom disse que lhe daria uma moeda de ouro se ele conseguisse encontrá-la entre 23 outras exatamente iguais a ela, embora feitas de uma liga de cobre e latão. Como o ouro é mais pesado do que o cobre e o latão, o tio de Tom lhe permitiria usar uma balança de pratos para pesar as moedas visando facilitar seu trabalho. Entretanto, Tom poderia fazer apenas três pesagens. Como conseguiu fazê-lo?

Em primeiro lugar, deveríamos explicitar as propriedades de uma balança, observando que ela possui um braço que segura dois pratos em perfeito equilíbrio. Logo, duas coisas têm o mesmo peso quando nivelam o braço exatamente. Quando ele não está em equilíbrio, o objeto mais pesado faz com que o seu prato fique mais baixo do que o outro. A meta se resume simplesmente em determinar a moeda mais pesada num máximo de três pesagens. Basicamente, as operações se resumem em usar a balança para pesar os conjuntos de moedas, a fim de determinar a mais pesada. A maneira mais eficiente de representar as informações do problema é desenhar figuras e/ou usar um quadro ou tabela que indique as várias combinações de pesagens e o número de moedas que forem eliminadas.

A aplicação mais evidente das operações não resolve o problema em três pesagens. Você pode começar dispondo as moedas em três pilhas de doze, separando depois a pilha mais pesada dessa pesagem (ela tem de conter a moeda mais pesada) em duas pilhas de seis, isolando a pilha mais pesada dessa pesagem em duas pilhas de três, e usando uma ou mais pesagens para determinar qual das três moedas restantes é a mais pesada. Tal procedimento não resolve o problema, mas fornece uma pista para o procedimento correto. A inferência fundamental para resolver o problema em três pesagens está na maneira como a balança é usada para determinar qual das três últimas moedas é a mais pesada. Se o braço não estiver em equilíbrio, você poderá identificar imediatamente a moeda mais pesada; em caso contrário, a moeda que está sobrando é a mais pesada. Assim, dois terços das moedas remanescentes podem ser eliminados em apenas uma pesagem, ao passo que anteriormente a balança fora usada para eliminar apenas metade das moedas que sobraram em cada pesagem. *Suspenda a leitura e tente resolver o problema se ainda não o fez.*

A balança pode ser usada para eliminar dois terços das moedas remanescentes em cada pesagem, dividindo-as em três e não em duas pilhas iguais. Mesmo quando uma das três pilhas tiver uma moeda adicional, ainda assim duas delas poderão ser eliminadas através da pesagem das duas pilhas iguais para ver se estão em equilíbrio. O Quadro 2.7 mostra um panorama do acompanhamento das informações.

Quadro 2.7. A solução do Problema da Moeda de Ouro.

PESAGEM	MOEDAS EM CADA PILHA	MOEDAS REMANESCENTES
1	8	8
2	2 ou 3	2 ou 3
3	1	1

Deturpação mental

Em muitos dos problemas abordados neste capítulo, descobrimos que as dificuldades podem surgir não apenas por se deixar de fazer uma inferência importante, como também por se ter extraído uma que seja inadequada. Com freqüência isso acontece porque as informações relativas a um problema são apresentadas de uma maneira tal que nos leva a fazer uma inferência oposta (ou pelo menos diferente) à correta, e isso interfere efetivamente no processo correto de análise do problema. Essa situação foi qualificada pelos psicológos como uma "deturpação mental", significando simplesmente que as pessoas se limitam de tal forma a encarar um problema a partir de uma certa perspectiva que não conseguem refletir sobre ele de modo a encontrar uma solução. O problema seguinte exemplifica bem a questão:

Duas pessoas tomaram um ônibus em Chicago. Uma delas era o pai do filho da outra. Como isso é possível?

Interrompa a leitura e tente resolver o problema.

Se você encontrou qualquer dificuldade com relação a este problema isso se deve provavelmente ao fato de ter inferido que ambas as pessoas eram homens porque a informação do problema se referia apenas a duas pessoas. Que outras inferências a respeito do sexo das duas pessoas poderiam ser feitas? A inferência correta é que uma das pessoas é do sexo feminino. Se uma delas é o pai do filho da outra, esta só pode ser a mãe. Vamos examinar outro exemplo de deturpação mental, ou de inferência incorreta, no seguinte problema:

Certa vez o sr. Henry Benson encontrou no aeroporto uma pessoa que não via há anos. Ao lado dela, encontrava-se uma menina. "Henry", exclamou a pessoa. "Como é bom revê-lo depois de todos esses anos! Você soube do meu casamento? Esta é minha filha." "Olá", disse Benson à menina. "Como você se chama?" "Meu nome é o mesmo da minha mãe", respondeu a menina. "Então você deve se chamar Susan", disse Benson. Como ele sabia o nome dela?

Faça uma pausa na leitura e tente resolver o problema.

As coisas provavelmente não lhe foram tão difíceis desta vez, mas se encontrou dificuldades foi porque inferiu (incorretamente) que a pessoa era do sexo masculino porque Henry era homem. Tendo fomentado a idéia de que o amigo de Henry poderá ser mulher, a solução para o problema é elementar. Não há como ensinar alguém a precaver-se contra as deturpações mentais. Contudo, resulta útil atentar para seus riscos potenciais. Há algumas recomendações que você pode adotar visando a superação de suas conseqüências. Analise os dados com atenção, e conscientemente procure perceber as pressuposições que você está fazendo quanto às informações sobre o problema. Se você se confundir, retorne e analise de modo crítico cada uma delas. Descobrirá haver com freqüência interpretações alternativas ou inferências que poderiam ser feitas. Aferindo todas elas de maneira criteriosa, ser-lhe-á mais fácil desvencilhar-se das deturpações mentais.

Resumo

Além de representar os elementos através de símbolos, organizar e encontrar representações úteis para os problemas, um aspecto fundamental da análise e da resolução de problemas são as muitas inferências que fazemos. Essas inferências assumem basicamente uma de duas formas: a dedução e a indução. As conclusões dedutivas derivam de pelo menos duas afirmações (ou premissas) que consideramos verdadeiras, e daí chegamos necessariamente a uma conclusão. Esta poderá revelar-se falsa ou porque nossa lógica é inconsistente ou porque uma ou mais premissas são falsas. Por outro lado, as conclusões indutivas são generalizações ou regras que extraímos de um conjunto de observações específicas. Como as regras que elaboramos são produto apenas da gama de experiências subjetivas que tivemos, as conclusões indutivas são necessariamente duvidosas. Com relação a ambos os tipos de inferências, a maior dificuldade que encontramos para resolver problemas reside no fracasso em avaliar cuidadosamente a informação antes de extrair quaisquer inferências.

Muitas vezes temos dificuldades em fazer as inferências adequadas porque *a priori* somos levados a inferir a partir de pressupostos duvidosos, resultantes da maneira pela qual as informações relativas ao problema se nos apresentam. Nas suas manifestações mais extremas, isso é chamado de deturpação mental. Embora não haja meios eficazes de combater os riscos de semelhantes distúrbios mentais, podemos superá-los se procedermos a um exame bastante acurado das inferências que fazemos, avaliando-as criticamente para verificar a existência de alternativas no contexto do problema. Com freqüência, percebemos que as há e que são úteis para o equacionamento de um dado problema.

Problemas complementares

A contagem das linhas

Usando uma régua, trace tantas linhas quantas puder cruzando os pares de pontos localizados nas seções marcadas por letras. Conte o número de linhas e anote-o no lugar indicado.

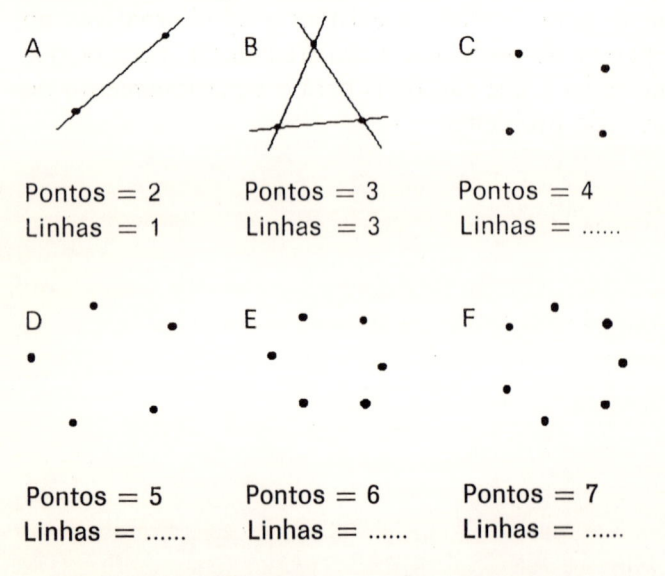

A

Pontos = 2
Linhas = 1

B

Pontos = 3
Linhas = 3

C

Pontos = 4
Linhas = ...

D

Pontos = 5
Linhas = ...

E

Pontos = 6
Linhas = ...

F

Pontos = 7
Linhas = ...

Sem traçar as linhas correspondentes a oito ou nove pontos, qual seria o número de linhas que você atribuiria a cada um deles?

A contagem diagonal

A diagonal de um polígono é uma linha que liga dois vértices não-consecutivos. Trace todas as diagonais que puder partindo de cada vértice dos polígonos abaixo e registre seus resultados nos espaços em branco.

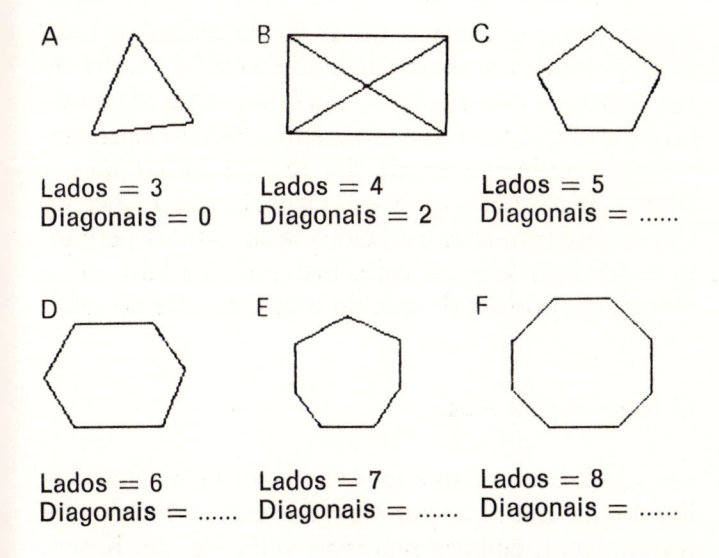

A

Lados = 3
Diagonais = 0

B

Lados = 4
Diagonais = 2

C

Lados = 5
Diagonais = ...

D

Lados = 6
Diagonais = ...

E

Lados = 7
Diagonais = ...

F

Lados = 8
Diagonais = ...

Sem traçar as diagonais correspondentes a um polígono de nove lados, quantas você acha que encontrará?

A capacidade da garrafa

Temos uma garrafa cheia aproximadamente dois terços de um líquido, e que tem um fundo redondo, quadrado ou retangular que é plano. Ela tem o gargalo estreito e lados que são retos entre o fundo da garrafa e o começo do gargalo. Como você poderá descobrir (calcular) a capacidade total da garrafa usando apenas uma régua para efetuar a medição? Você não poderá acrescentar ou tirar líquido. (Não hesite em pegar uma garrafa e trabalhar com ela.)

Café com leite

Duas pessoas vão a uma lanchonete para tomar alguma coisa durante o intervalo do trabalho. Uma delas gosta de um pouco de leite no café e a outra de um pouco de café no leite. Uma pede uma xícara de café e a outra, uma xícara de leite. Para se satisfazerem, tiram uma colher de chá de leite da leiteira e a misturam na xícara de café. Depois, uma colher de chá de café com leite é adicionada ao leite. A pergunta é: há mais leite no café, mais café no leite, ou a mesma quantidade de café no leite e de leite no café?

O problema da idade

Jack e Stan têm a mesma idade. Jack é mais velho do que Bob, que por sua vez é mais velho do que Karen. Kent, embora seja mais velho de que Karen, é mais novo do que Jack e Bob. Stan é mais novo do que Steve, o amigo de Kent. Relacione as seis pessoas de acordo com suas respectivas idades.

Arquimedes e sua pedra de estimação

Antigamente, quando as pedras de estimação estavam na moda, Arquimedes levou a sua para um passeio num lago. No percurso, Arquimedes e a pedra começaram uma discussão que terminou com a pedra sendo atirada para fora do barco. A pedra afundou imediatamente. A pergunta é: O nível da água no lago subiu ou desceu? Para responder à pergunta, vamos fornecer a seguinte informação extraída do livro de Arquimedes *On floating bodies* (Corpos flutuantes): qualquer objeto que flutue na água sempre tem uma certa parte submersa, que desloca um pouco de água. A quantidade de líquido deslocada é igual ao peso do objeto. Por outro lado, se o objeto afunda, a quantidade de água deslocada é menor do que o peso do objeto.

O jogador de tênis

Duas mulheres, Alice e Carol, e dois homens, Brian e David, são atletas. Um é nadador, um segundo, patinador, um terceiro, ginasta, e um quarto, jogador de tênis. Certo dia, estavam sentados em volta de uma mesa quadrada, um ao lado do outro, na seguinte disposição:

1. O nadador ao lado esquerdo de Alice.
2. O ginasta em frente a Brian.
3. Carol e David lado a lado.
4. Uma mulher do lado do patinador.

Quem é o jogador de tênis?

Um pedaço de bolo

A sra. Miller resolveu fazer bolos para um bazar. Cada bolo branco levava duas xícaras de farinha e uma de açúcar. Cada bolo alemão de chocolate levava a mesma quantidade de farinha, mas duas vezes mais açúcar. Ao terminar, a sra. Miller havia empregado dez xícaras de farinha e sete de açúcar. Quantos bolos brancos ela fez?

Gauss

Acerca de Gauss, o famoso matemático, conta-se uma história da época em que era estudante. Seu professor confiou à turma a tarefa de descobrir qual era a soma dos números de 1 a 100. O objetivo era basicamente mantê-los ocupados por longo tempo. Para surpresa do professor, Gauss forneceu a resposta em apenas alguns instantes. Concluíra a tarefa simplesmente observando no conjunto de números alguns padrões interessantes que lhe inspiraram uma estratégia mais rápida para a solução do problema, ao invés de somar todos os números em seqüência. Você conseguiria descobrir o método utilizado?

Dois trens

Um trem expresso parte de Nova York para Washington a uma velocidade constante de 60 milhas por hora. Ao mesmo tempo, outro trem expresso parte de Washington para Nova York a uma velocidade média de 40 milhas por hora. A que distância estão os trens um do outro, uma hora antes de se cruzarem?

O lenhador

Um lenhador remava regularmente num tranqüilo lago; súbito um peixe irrompeu à superfície bem à sua frente. Ele contou doze remadas até que sua canoa cruzasse pela primeira vez o círculo de ondulações que o peixe formara, e depois mais doze até sair das ondulações do outro lado do círculo. Algum tempo depois, ele se deu ao trabalho de calcular a que distância dele (a quantas remadas) o peixe estivera no momento em que pulou, mas isso lhe foi muito difícil. Você conseguiria resolver o problema?

A vaca, a cabra e o ganso

Um fazendeiro tem um pasto que ele precisa usar da maneira mais racional possível para alimentar a sua criação, composta de uma vaca, uma cabra e um ganso. Ele descobriu que, juntos, a cabra e o ganso comem exatamente tanta grama quanto a vaca, e que, de qualquer forma, o pasto durará noventa dias. Além disso, percebeu que o pasto alimentará a vaca e o ganso por sessenta dias; ou a vaca e a cabra por quarenta e cinco dias. O fazendeiro gostaria de saber por quanto tempo o pasto alimentaria os três animais sem ter de experimentá-lo na prática, porque se ele não durar o tempo suficiente, talvez o fazendeiro não consiga encontrar um pasto adicional quando for necessário.

Troca de parceiros

Quatro casais, formados por Alice, Betty, Carol, Dorothy, Ed, Frank, Harray e George, foram dançar sábado à noite, no clube local. Em determinado momento, como resultado da troca de parceiros, Betty dançava com Ed, Alice com o marido de Carol, Dorothy com o marido de Alice, Frank com a mulher de George, e este dançava com a mulher de Ed. Quem é casado com quem e quem está dançando com quem?

3
Tentativa e erro

Um dos métodos mais fáceis para a solução de problemas é o de tentativa e erro. Consiste em: 1) escolher uma operação plausível, 2) executar a operação com os dados e 3) verificar se a meta foi alcançada. Se a resposta ao item 3 for negativa, devemos repetir o processo até que se atinja a meta ou se evidencie a insolubilidade do problema. Como se trata de um dos métodos mais fáceis de se usar, algumas vezes ele é encarado como próprio de pessoas preguiçosas ou o que deve ser empregado quando não se é perspicaz o suficiente para tentar outra coisa. Todavia, essa crítica normalmente é feita a um caso especial: o *método aleatório das tentativas*. Tencionamos mostrar aqui que outras modalidades deste método podem ser bastante poderosas e eficazes para a resolução de problemas. Examinemos o Problema dos Porcos e das Galinhas, apresentado na Figura 3.1. *Ponha o livro de lado, e tente solucioná-lo.*

Judy e Ted foram visitar a fazenda do seu avô. Durante sua estada, viram um cercado de porcos e galinhas. Ted disse ter contado dezoito animais ao todo; Judy contara um total de cinqüenta pernas. Quantos porcos havia no cercado?

Figura 3.1. O Problema dos Porcos e das Galinhas.

De acordo com o capítulo 1, a primeira coisa que você deve fazer ao abordar esse problema é determinar os dados, a meta e as operações que podem ser realizadas com os dados. Neste caso, os dados são: 1) um total de dezoito animais, 2) um total de cinqüenta pernas e 3) cada porco tem quatro pernas, ao passo que cada galinha tem apenas duas. Essas últimas informações não constam do problema, naturalmente, mas podem ser inferidas com base no nosso conhecimento sobre galinhas e porcos. (Lembre-se de que, no capítulo 2, estudamos as maneiras de inferir informações adicionais a partir dos dados, como técnica fundamental para a resolução de problemas.) A meta é determinar quantas galinhas e quantos porcos existem. As operações usadas para se calcular a quantidade de animais e de pernas são simplesmente aritméticas, de adição e de multiplicação. Qualquer solução para esse problema deve satisfazer duas condições: 1) O número de galinhas mais o número de porcos tem de ser igual a dezoito e 2) o número de pernas de galinhas mais o número de pernas de porcos tem de ser igual a cinqüenta. Os que estão em dia com a álgebra perceberão que esse problema pode ser resolvido com "duas equações e duas incógnitas". Contudo, nosso interesse consiste em mostrar como ele pode ser solucionado mediante vários métodos por tentativas. Como sugerido no capítulo 1, começaremos por escolher um modo de representar ou simbolizar as informações do problema para não termos de confiar na nossa memória a fim de acompanhá-las. Uma das maneiras é elaborar uma simples tabela contendo uma coluna para o número de galinhas, outra para o de porcos, e outra ainda para o total de pernas, como se mostra no Quadro 3.1. *Ponha o livro de lado e tente resolver este problema se ainda não o fez.*

Quadro 3.1. Representação do Problema dos Porcos e das Galinhas.

PORCOS	GALINHAS	PERNAS
18	0	72 pernas em excesso
0	18	36 pernas a menos

O método aleatório das tentativas

Como dissemos, um tipo de método por tentativas é chamado aleatório. Ao aplicar essa técnica, escolhemos a esmo um número menor ou igual a dezoito para representar a quantidade de porcos, subtraímo-lo de dezoito para obter a quantidade de galinhas e calculamos a quantidade de pernas. Se o total não for cinqüenta, escolhemos mais uma vez aleatoriamente um número para a quantidade de porcos e repetimos o processo. Um exemplo de solução é apresentado no Quadro 3.2.

Quadro 3.2. A solução para o Problema dos Porcos e das Galinhas através do método aleatório das tentativas.

PORCOS	GALINHAS	PERNAS	
3	15	42	
10	8	56	
16	2	68	
12	6	60	
5	13	46	
2	16	70	
13	5	62	
14	4	64	
7	11	50	Resolvido!!!!

Como se pode perceber, o método de escolher aleatoriamente um número para indicar a quantidade de porcos demandará bastante tempo, não sendo portanto muito eficiente. Isso é sobremaneira verdadeiro se não evitarmos as repetições dos mesmos números. No entanto, o método é de fácil uso e conduzirá por fim (pelo esgotamento) à solução do problema.

Método sistemático das tentativas

Uma técnica que resolveria o problema de maneira mais eficiente seria a elaboração de um sistema para escolher os números de uma forma não aleatória. Tal sistema deve eliminar todas as duplicações de tentativas e exaurir as possíveis soluções até que seja encontrada uma. *Interrompa a leitura e tente encontrar uma regra para escolher de forma criteriosa números para o Problema dos Porcos e das Galinhas.* Vamos nos referir a ele como o método sistemático das tentativas.

Uma regra simples para esse problema poderia ser começar com 0 porcos e dezoito galinhas e continuar acrescentando um porco e subtraindo uma galinha até alcançar o total correto de cinqüenta pernas. A informação gerada durante a solução encontra-se no Quadro 3.3.

Quadro 3.3. A solução do Problema dos Porcos e das Galinhas através do método sistemático das tentativas.

PORCOS	GALINHAS	PERNAS
0	18	36
1	17	38
2	16	40
3	15	42
4	14	44
5	13	46
6	12	48
7	11	50

O método sistemático também poderá gerar muitas respostas antes que a correta seja encontrada, mas sempre dará certo (se o problema for plausível) e é mais eficiente do que o método aleatório. Contudo, é desejável ser eficiente e eficaz ao mesmo tempo, para examinar um método das tentativas ainda mais complexo.

Método orientado das tentativas

No método sistemático, testamos cada resposta apenas para verificar se era ou não a correta. Teríamos sido mais eficientes se tivéssemos testado cada resposta para verificar se era mais próxima ou não da meta do que a anterior. Essa informação poderia então ser usada para orientar nossa escolha de números na tentativa seguinte. Com esse aperfeiçoamento, teríamos o *método orientado das tentativas*. Se você não resolveu o problema dessa maneira, *suspenda a leitura e tente fazê-lo*.

Como no caso do método aleatório, precisamos fazer uma primeira tentativa, e podemos escolhê-la ao acaso ou usar a informação dos dados para orientar a nossa escolha inicial. Como cada porco tem duas vezes mais pernas do que cada galinha, poderíamos tentar, de início, estimar a quantidade de porcos como sendo a metade da de galinhas (seis porcos e doze galinhas). Com seis porcos e doze galinhas, o número total de pernas é quarenta e oito, de modo que precisamos aumentar o número de porcos e diminuir o de galinhas. Por outro lado, se tivéssemos começado com uma combinação que fornecesse mais do que cinqüenta pernas, precisaríamos ter menos porcos e mais galinhas. A tabela com os valores empregados para resolver o problema dessa maneira é apresentada no Quadro 3.4. O resultado é um método de tentativas bastante eficiente, por 1) usar uma regra para escolher sistematicamente os números e 2) por usar a informação de cada tentativa para orientar a seleção dos valores utilizados na tentativa seguinte.

Quadro 3.4. A solução para o Problema dos Porcos e das Galinhas através do método orientado das tentativas.

PORCOS	GALINHAS	PERNAS	TENTATIVA SEGUINTE
6	12	48	acrescente porcos
8	10	52	reduza n.º de porcos
7	11	50	resolvido

Como já comentamos, o problema pode ser resolvido sem tentativas se usarmos álgebra elementar. Existe, contudo, um inconveniente nesse procedimento — quem não tem tido contato com álgebra com freqüência desiste de resolver um problema quando percebe que ele poderia ser solucionado através dela, mas ele já não sabe como utilizá-la. A álgebra é um método afortunado para resolver problemas de matemática de segundo grau, para os quais supõe-se naturalmente que esse é o único método a ser usado. Se você ainda lembra como utilizá-la, não deve hesitar em fazê-lo, mas também deve entender que muitos problemas encontrados fora de um texto de matemática podem ser resolvidos sem ela. O Problema dos Porcos e das Galinhas é um bom exemplo disso.

Antes de abandonar esse problema, gostaria de estudar uma outra solução interessante, que emprega uma representação mental. Imagine que todos os porcos estão sobre suas pernas traseiras. Quantas pernas tocam o chão? Como existem dezoito animais, deveria haver trinta e seis pernas no solo. Quantas não o tocam? Evidentemente, há catorze que não tocam o solo porque existem cinqüenta pernas ao todo. Que espécie de pernas não se apóiam no chão? Pernas de porcos. Quantos porcos existem? Se há catorze pernas, deve haver sete porcos. A maioria das pessoas acha essa solução curiosa, mas pensam que nunca lhes ocorreria imaginá-la. Na verdade, não é tão misteriosa quanto parece quando consideramos que ela representa apenas uma forma "astuta" de começar, levantando a hipótese de não termos nenhum porco e dezoito galinhas. Isso resultaria em catorze, o que significa muito poucas pernas, e temos de tomar providências para trocar sete galinhas por sete porcos.

Como outro exemplo do método orientado das tentativas, examine o Problema do Imposto na Figura 3.2. *Suspenda a leitura e tente resolver o problema.*

Figura 3.2. O Problema do Imposto.

Naturalmente, muitas pessoas acham que os ricos deveriam pagar mais imposto do que os pobres, porque os primeiros têm mais dinheiro. Algumas vezes, contudo, essa política é levada a extremos. Num certo lugar, o percentual de tributação iguala-se ao montante dos rendimentos da pessoa. Por exemplo, se ela percebe 6 000 dólares, a alíquota tributária é 6 por cento sobre a renda. Mas se ganha 92 000, sua taxação representa 92 por cento do valor. Na escala de 1 a 100, qual a renda que lhe deixaria com mais dinheiro após o abatimento do imposto?

Na análise dos dados, supõe-se que o leitor entenda o significado de percentual e saiba como calculá-lo. A fórmula consiste em multiplicar um determinado valor pelo percentual e mover o ponto decimal duas casas para a esquerda. Assim, 6 por cento de 6 000 são 360 e 92 por cento de 92 000 são 84 640. Nossa meta visa simplesmente descobrir o nível de renda que deixará a maior margem de ganho após a tributação. As operações a ser executadas são: 1) calcular o imposto em diversos níveis de renda e 2) determinar a renda líquida subtraindo o imposto da renda bruta. No caso dos dois números fornecidos no problema, descobrimos que a renda mais elevada produz o valor líquido de 7 360, ao passo que a menor fornece 5 640. Assim, ganharíamos mais com uma renda bruta de 92 000 apesar de o percentual de tributação ser mais elevado.

Para usar o método orientado das tentativas na resolução do problema, as operações são: 1) escolher dois valores de renda bruta, 2) calcular a renda líquida para cada um, 3) comparar as duas, 4) tomar a renda bruta que produz a maior renda líquida e 5) escolher uma nova renda bruta, maior ou menor, para comparação. Esse processo se repete até que encontremos um rendimento bruto que forneça a maior renda líquida. Como anteriormente, faz-se necessário também representar e acompanhar a informação gerada durante a solução. Uma tabela com essa finalidade é apresentada no Quadro 3.5.

Quadro 3.5. A solução para o Problema do Imposto.

RENDA BRUTA	RENDA LÍQUIDA	CONCLUSÃO	COMENTÁRIO
6 000	5 640	Escolha > 6 000	Para comparação
92 000	7 360	Escolha > 92 000	A renda fica maior
95 000	4 750	Escolha < 92 000	A renda fica menor
80 000	16 000	Escolha < 80 000	A renda fica maior
65 000	22 750	Escolha < 65 000	A renda fica maior
50 000	25 000	Escolha < 50 000	A renda fica maior
35 000	22 750	Escolha entre 50 000 e 65 000	Renda menor
55 000	24 750	Escolha entre 50 000 e 35 000	Renda maior
45 000	24 750	Tem de ser 50 000	Na escala entre 55 000 e 45 000
50 000	25 000	Problema resolvido	

O problema ilustra como usar os resultados de cada tentativa a fim de orientar a escolha dos valores para a tentativa seguinte, objetivando aproximar-se da meta.

Como terceiro exemplo do método orientado das tentativas, examine outro problema de imposto, apresentado na Figura 3.3. *Deixe o livro de lado e tente resolver o problema.*

Figura 3.3. O Problema do Imposto de Renda de Johnny.

"Sr. Thompson, poderia me ajudar a elaborar minha declaração do imposto de renda?", perguntou Johnny, o mensageiro. "Naturalmente", foi a resposta; "traga-me os seus papéis." "Bem, eis o formulário que devo usar e a declaração de quanto a companhia me pagou durante o ano." "Você teve rendimentos de outras fontes? Ganhos extras?" "Não, tudo o que recebi está aí." "Está pleiteando deduções? Perdas de capital? Fez donativos a instituições de caridade?" "Doei quatro dólares à Cruz Vermelha." "Você tem recibo disso, não tem? Então pode abater como dedução. Você não é casado, é? Tem dependentes? Não? Bem, então a sua isenção pessoal é de 500 dólares. Seu imposto é de 19 por cento sobre a renda líquida tributável. Vou calculá-la para você... aqui está." "Veja", observou Johnny, "não é engraçado? O imposto é exatamente 10 por cento do que a companhia me paga. É sempre assim?" "Não." O sr. Thompson riu. "Foi apenas coincidência." Qual foi o valor do imposto de Johnny?

Ao analisar os dados podemos inferir que o rendimento líquido tributável é a renda bruta paga pela companhia menos 504 dólares (500 da isenção pessoal e a contribuição de 4 para a Cruz Vermelha). Além disso, sabemos que o imposto é igual tanto a 10 por cento da renda bruta como a 19 por cento do rendimento líquido tributável. A meta é determinar o imposto, dadas essas duas condições. As operações a ser realizadas consistem em: 1) escolher as valores para a renda bruta, 2) calcular a renda líquida e 3) calcular o imposto como 10 por cento da renda bruta e como 19 por cento da renda líquida. Alcança-se a meta quando os dois métodos de cálculo da taxa produzem resultados idênticos.

Para poder empregar o método orientado das tentativas, é preciso escolher valores que nos aproximem cada vez mais da meta. Neste problema, é útil reconhecer que como as deduções são fixas, quanto maior for a renda bruta, maior será o percentual que a renda líquida representará da renda bruta. Além disso, como o percentual de tributação é mais elevado em relação à renda líquida, o valor do imposto sobre a renda líquida sofrerá mudanças mais do que o valor do imposto sobre a renda bruta quando esta última se alterar. Conseqüentemente, quando o imposto baseado na renda bruta for maior do que aquele baseado na renda líquida, far-se-á necessário um rendimento bruto mais elevado para reduzir a diferença relativa entre as duas. Por outro lado, quando o imposto baseado na renda bruta for menor, o valor desta última terá de ser diminuído.

Para poder acompanhar a informação, é útil elaborar uma tabela onde se relacionam as rendas bruta e líquida, bem como os impostos baseados em cada uma. A informação usada para resolver o problema encontra-se no Quadro 3.6.

adro 3.6. A solução para o Problema do Imposto de Renda de Johnny.

DA TA	RENDA LÍQUIDA	IMPOSTO SOBRE RENDA LÍQUIDA	IMPOSTO SOBRE RENDA BRUTA	DIFERENÇA IMPOSTO	LÍQUIDO—BRUTO DECISÃO
)00	1496	284,24	200,00	84,24	Escolha uma renda bruta mais baixa
;00	996	189,24	150,00	39,24	Escolha uma renda bruta mais baixa
)00	496	94,24	100,00	−5,76	Escolha uma renda bruta mais alta
?00	696	132,24	120,00	12,24	Escolha uma renda bruta mais baixa
)50	546	103,74	105,00	−1,26	Escolha uma renda bruta mais alta
)60	556	105,64	106,00	−0,36	Escolha uma renda bruta mais alta
)62	558	106,02	106,20	−0,18	Escolha uma renda bruta mais alta
)64	560	106,40	106,40	−0,00	Problema resolvido

Problemas de desvio

Nos três problemas analisados neste capítulo, enfatizamos a importância de avaliar a informação gerada em cada tentativa para determinar se estamos ou não mais próximos da meta do que estávamos na tentativa anterior. Essa avaliação pode ser usada então para fazer uma escolha mais sábia na tentativa seguinte. Entretanto, de vez em quando encontramos um problema no qual devemos escolher valores ou operações que nos levam temporariamente para mais longe da meta (ou pelo menos não nos aproximam dela), mas que têm de ser usados para que a alcancemos. Tais problemas são chamados de desvio. Um exemplo disso é o Problema dos Missionários e dos Canibais da Figura 3.4. *Suspenda a leitura e tente resolvê-lo.*

Figura 3.4. O Problema dos Missionários e dos Canibais.

Três missionários e três canibais chegam à margem de um rio em plena selva. Encontram um bote capaz de conduzir apenas duas pessoas. Os missionários percebem que devem ser prudentes para não permitir que os canibais se tornem, em qualquer momento, numericamente superiores a eles, ou correrão o risco de ser devorados. Como será possível que todos cruzem o rio sem que os canibais matem qualquer dos missionários?

A análise dos dados e da meta indica que todas as informações estão explicitamente declaradas. As operações são diretas; quando uma ou duas pessoas passarem para o outro lado do rio, os missionários não devem ficar numericamente inferiores aos canibais em qualquer das margens.

Uma possibilidade de representar as informações desse problema é traçar uma linha num pedaço de papel simbolizando o rio e depois usar M e C para representar os missionários e os canibais, respectivamente. Os símbolos podem então ser deslocados através da linha enquanto você tenta resolver o problema. Um novo diagrama será usado para representar a situação depois de cada viagem (num só sentido) através do rio. A solução completa é mostrada na Figura 3.5.

Em cada viagem há três opções para os viajantes passarem para a outra margem: 1) dois canibais, 2) dois missionários ou 3) um de cada. A primeira ponderação é que cada viagem deve ser realizada de maneira que nem ela nem a seguinte deixem os missionários numericamente inferiores em qualquer das margens. Além disso, cada viagem de ida e volta implica que uma pessoa a mais deve ficar na margem que representa a meta. Por exemplo, na primeira travessia seria possível enviar dois canibais para a outra margem e ordenar que um deles traga o barco de volta. Entretanto, não haveria nenhuma opção para a viagem seguinte, pois todas deixariam os missionários em inferioridade numérica em uma das margens. Desse modo, é necessário enviar um missionário e um canibal para o outro lado na primeira viagem, e o missionário deverá trazer o barco de volta.

1. $\dfrac{\text{C C C M M M}}{}$

2. $\dfrac{\text{C C}\quad\text{M M}}{\text{C}\quad\text{M}}$

3. $\dfrac{\text{C C M M M}}{\text{C}}$

4. $\dfrac{\text{M M M}}{\text{C C C}}$

5. $\dfrac{\text{C}\quad\text{M M M}}{\text{C C}}$

6. $\dfrac{\text{C}\quad\quad\text{M}}{\text{C C M M}}$

7. $\dfrac{\text{C C}\quad\text{M M}}{\text{C M}}$

8. $\dfrac{\text{C C}}{\text{C M M M}}$

9. $\dfrac{\text{C C C}}{\text{M M M}}$

10. $\dfrac{\text{C}}{\text{C C M M M}}$

11. $\dfrac{\text{C C}}{\text{C M M M}}$

12. $\dfrac{}{\text{C C C M M M}}$

Figura 3.5.

A dificuldade que esse problema apresenta para a maioria das pessoas está nos passos 6 e 7 da Figura 3.5. Até aí, cada viagem de ida e volta implicava uma aproximação da meta. Nesse ponto, contudo, é necessário fazer um desvio e empreender uma viagem de ida e volta (passos 6 e 7), deixando todos na margem de destino sem fazer alteração. Esse passo é necessário para prosseguir na outra etapa do problema sem permitir que os missionários fiquem ocasionalmente em inferioridade numérica. Assim, algumas vezes, quando usamos o método orientado das tentativas, pode-se fazer necessário empreender uma tentativa que não nos aproxime mais da meta.

Resumo

O método das tentativas com freqüência é considerado relativamente ineficaz para a resolução de problemas. O método aleatório provavelmente merece essa reputação. Contudo, há variantes desse método que podem ser muito úteis, sobretudo o método orientado das tentativas. Depois de analisar o problema e estabelecer as relações e as condições fornecidas pelos seus elementos, você deverá escolher valores verdadeiros para algumas das condições, testar as remanescentes e avaliar o resultado. Deve comparar, particularmente, o resultado com a meta, para determinar se está mais perto dessa última. Se isso for verdadeiro, repita o procedimento até atingir a meta. Se não o for, você talvez precise "inverter o sentido", por assim dizer. Através da avaliação cuidadosa do seu progresso a cada etapa, você normalmente conseguirá resolver o problema.

Raramente, você poderá se defrontar com um problema que lhe exija proceder a um desvio e tomar uma atitude que pareça contraproducente, ou pelo menos não-producente a curto prazo. Atente apenas para o fato de que essas situações existem e prepare-se para agir de maneira conseqüente quando se fizer necessário.

Problemas complementares

Dez abajures de pé

Como você disporia dez abajures de pé numa sala de estar quadrada de modo que a cada parede correspondesse um número igual de lâmpadas?

O deslocamento das peças do jogo

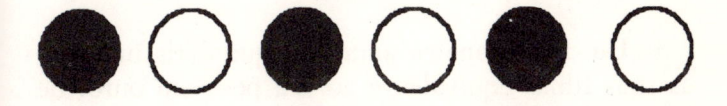

Desloque as peças do jogo de tal modo que todas as peças claras terminem à esquerda, seguidas pelas pretas à direita, ou vice-versa (as pretas à esquerda e as claras à direita). As peças devem ser deslocadas em pares, tomando-se peças adjacentes sem alterar sua ordem e deslizando-as para um local vago. São necessários apenas três deslocamentos.

A pesagem do bebê

A sra. O'Toole é parcimoniosa e está tentando pesar a si própria, seu bebê e seu cachorro por apenas 10 centavos numa balança paga. Todos juntos pesaram 170 libras. Ela pesa 100 libras mais do que o bebê e o cachorro juntos, e o cachorro pesa 60 por cento menos do que o bebê. Qual o peso de cada um?

O acerto da conta

Depois de uma partida de boxe, um grupo de amigos foi a um restaurante comer alguma coisa. "Ponha tudo numa conta só", disseram ao garçom. A conta foi de 6 dólares, e os homens concordaram em dividi-la igualmente. Perceberam então que dois deles haviam saído à socapa sem acertarem suas partes, resultando que foram atribuídos mais 25 *cents* a cada homem que permaneceu no restaurante. Quantos havia inicialmente no grupo?

As três noivas

Um rico monarca anunciou que daria um dote às suas filhas equivalente ao seu peso em ouro, de forma que foram logo pedidas em casamento por pretendentes adequados. Todas se casaram no mesmo dia. Antes de se pesarem, cada uma comeu um pedaço de um bolo bastante pesado; isso, naturalmente, fez com que os noivos ficassem bastante felizes. As noivas, em conjunto, pesaram 396 libras. Contudo, Nellie pesava 10 libras mais do que Kitty, e Minnie pesava 10 libras mais do que Nellie. Um dos noivos, John Brown, pesava tanto quanto sua noiva; William Jones pesava a metade do que sua noiva. Charles Robinson tinha duas vezes o peso da sua noiva. As noivas e os noivos em conjunto pesaram meia tonelada. A qual pretendente cada filha foi dada em casamento?

A troca de galinhas

Um fazendeiro e sua esposa foram ao mercado para trocar suas galinhas por gado, na proporção de 85 galinhas por um cavalo e uma vaca. No mercado de cotações, também é verdade que cinco cavalos valem doze vacas. O fazendeiro e sua esposa já escolheram uma quantidade mínima de vacas e cavalos, e estão tentando decidir se compram mais cavalos ou vacas. O marido sugere que eles deveriam levar tantos cavalos quantos já tinham comprado, e nesse caso teriam apenas um total de dezessete cavalos e vacas para alimentar no inverno. Sua mulher, contudo, argumentou que, se em vez disso eles dobrassem o número de vacas, teriam apenas dezenove vacas e cavalos para alimentar durante o inverno, correspondendo isso exatamente ao número de galinhas que haviam trazido, e que não teriam de levar nenhuma de volta para casa. Quantas galinhas levaram ao mercado?

A divisão das maçãs

Um grupo de meninos fez uma incursão no pomar dos Perkins e voltou com algumas maçãs, que repartiram igualmente entre si. Michael disse que seria mais justo dividir as maçãs por famílias do que por pessoas. Como havia dois irmãos Johnson e dois irmãos Fairbanks, uma redistribuição por famílias teria aumentado cada parte em três maçãs. Quando a discussão estava no auge, chegou Fred, que, por ser o mais velho da turma, foi convidado para ser o juiz. Fred decidiu que não seria justo efetuar a divisão por famílias. Além disso, salientou que ele mesmo teria certamente participado da incursão, e o produto do saque teria sido muito maior, se ele não tivesse sido retido por um compromisso inadiável com um chefe de bando. Como responsável pelo grupo, porém, ele tinha direito a uma parte. Fred era dotado de enorme poder de persuasão, de modo que cada menino lhe deu uma maçã, tornando a divisão igualitária. Quantas maçãs os garotos colheram?

O lobo, a cabra e a couve

Um homem tinha de levar um lobo, uma cabra e um pé de couve para a outra margem de um rio. Seu barco a remo tinha espaço suficiente para o homem com o lobo, ou a cabra, ou a couve. Se levasse o lobo, a cabra comeria a couve. Se levasse a couve consigo, o lobo comeria a cabra. Só quando o homem estava presente a cabra e a couve ficavam a salvo dos seus inimigos. De algum modo, porém, o homem levou todos eles para a outra margem. Como fez isso?

4
Submetas

A maior parte dos problemas se resolve através de uma série de etapas que se sobrepõem umas às outras até que a meta final seja alcançada. À divisão consciente e sistemática de um problema pelas suas partes constituintes e à tentativa de resolver cada parte dá-se o nome de técnica das *submetas*. O poder dessa técnica é ilustrado pela seguinte analogia: pode ser impossível partir em dois um feixe de varetas amarradas juntas. Contudo, se o feixe for desamarrado, e cada vareta for partida separadamente, a meta é facilmente alcançada. O procedimento é válido para a maioria dos problemas, sobretudo os complexos. A técnica das submetas pode ser definida como um processo de três etapas:

1. Subdivida o problema relacionando as suas partes com a totalidade.
2. Resolva os subproblemas.
3. Combine os resultados visando formar uma solução para a globalidade do problema.

Há muitas vezes uma tendência natural para dividir um problema em partes menores. Contudo, só se percebe realmente a utilidade das submetas como método de resolução quando se emprega de maneira consciente mais algum tempo para subdividir um problema; cada parte será mais facilmente resolvida do que a sua totalidade. O problema da Figura 4.1, o da Travessia do Rio, pode ser facilmente resolvido se forem usadas as submetas. *Suspenda a leitura, analise o problema e tente resolvê-lo.*

Figura 4.1. O Problema da Travessia do Rio.

Nove homens e dois meninos querem atravessar um rio, usando uma pequena canoa com capacidade para levar ou um homem ou os dois meninos. Quantas vezes o barco terá de atravessar o rio para atingir a meta?

A meta desse problema pode ser encarada como uma série de objetivos intermediários. Como o mesmo conjunto de operações é empregado para levar cada homem para a outra margem do rio, convém definir a meta intermediária, que consiste em levar um homem para o outro lado e trazer os dois meninos de volta para o lado de onde chegaram.

Esse conjunto de operações poderia ser repetido nove vezes, uma para cada homem. Finalmente, seria necessária uma última viagem para levar os meninos à outra margem. Para organizar as informações deste problema, empregue uma série de gráficos representando o rio e as posições de um homem e dos dois meninos depois da travessia. As letras MMH simbolizam a posição dos dois meninos e de um homem. Elabora-se um novo gráfico para representar cada movimento. *Se você ainda não resolveu o problema, faça uma pausa na leitura e tente novamente.*

Como o barco não pode transportar um homem e um menino, é recomendável transportar um menino para o outro lado do rio antes de mandar um homem, do contrário não haverá possibilidade de se trazer o barco de volta. Assim, a seqüência de travessias necessárias para levar um homem à outra margem é a seguinte:

Começo	MMH
1.	H
	MM
2.	MH
	M
3.	M
	MH
4.	MM
	H

Figura 4.2.

1) Os dois meninos atravessam o rio no barco; 2) um dos meninos devolve o barco; 3) o homem atravessa com o barco; 4) o menino na outra margem leva o barco de volta ao ponto de partida. Essa seqüência de movimentos consta da Figura 4.2.

Como são necessárias quatro viagens para transportar um homem para a outra margem, precisamos fazer 36 viagens objetivando levar os nove homens para o outro lado do rio. Será necessário então uma última viagem para que os meninos cheguem à outra margem, o que perfaz um total de 37 viagens. Desse modo, você poderá perceber que o emprego eficaz das submetas torna a solução consideravelmente mais simples do que encontrar uma solução através de um método como o das tentativas e depois contar todas as viagens.

Como outro exemplo do uso das submetas, *interrompa a leitura e tente resolver o Problema do Fazendeiro no Mercado* da Figura 4.3.

Figura 4.3. O Problema do Fazendeiro no Mercado.

Um fazendeiro levou suas melancias à feira no sábado. No decorrer da manhã, ele vendeu as melancias por 3 dólares cada, obtendo um total de 24. Durante a tarde, ele reduziu o preço para 2 dólares cada melancia e vendeu o dobro. Qual foi o total das suas vendas nesse dia?

Analisando os dados, podemos inferir da segunda afirmação que se o fazendeiro obteve um total de 24 dólares vendendo melancias por 3 cada, ele deve ter vendido oito melancias pela manhã. O restante da informação é explícito. Como a informação dada contém números, podemos determinar que as operações a ser executadas são aritméticas. A representação das informações geradas é feita através de uma relação sistemática do resultado de cada operação aritmética de modo que ela possa ser usada em etapas posteriores da solução.

Ao analisar a meta, é evidente que o total das vendas do dia é o produto dos subtotais da manhã e da tarde. Como o subtotal da manhã é fornecido, a determinação do resultado da tarde torna-se uma submeta bastante útil. O subtotal da tarde é, naturalmente, o número de melancias vendidas multiplicado pelo preço de cada melancia (2 dólares). O problema afirma que o número vendido na parte da tarde é duas vezes maior do que o da parte da manhã. Assim, a submeta de determinar o resultado da parte da tarde pode ser desmembrada em outras submetas que se compõem de: 1) determinar o número vendido na parte da manhã e 2) determinar o número vendido na parte da tarde. Como se observa a partir dos dados, o número de melancias vendidas na parte da manhã é oito (24 ÷ 3 por melancia). Desse modo, devem ter sido vendidas dezesseis melancias na parte da tarde, totalizando a venda de 32 dólares (2 por

97

unidade x 16 melancias). Ao somar o subtotal das vendas da manhã e com o da tarde, obtém-se um total de 56 dólares. Esse problema é relativamente fácil mas serve como excelente exemplo para chamar a atenção sobre o método das submetas.

Como exemplo mais difícil onde esse método pode ser empregado, examine o programa na Figura 4.4. *Suspenda a leitura e tente resolvê-lo.*

Figura 4.4. O Problema do Equilíbrio.

Quantos copos equilibram uma garrafa?

Depois de analisar as informações fornecidas, deveria ser evidente que a solução exigirá diversas etapas, ou submetas. Se empregarmos algum tempo procurando com determinação submetas adequadas, a solução poderá ser obtida mais facilmente. B, na Figura 4.4, mostra que uma garrafa pesa tanto quanto um copo mais um prato, de modo que o problema poderia ser resolvido se substituíssemos o prato pelo seu peso equivalente em copos. Logo, uma submeta bastante útil é tentar determinar o número de copos que equilibrarão um prato. Essa relação não é explicitamente fornecida por A, B, ou C, sendo preciso estabelecer outra submeta. Uma possibilidade é substituir os dois jarros em equilíbrio em C na Figura 4.4 pelos copos e pratos, usando as informações sobre os equilíbrios em A e em B na Figura 4.4. Quando se alcança essa segunda submeta é possível reduzir o número de pratos em ambos os lados até que a primeira submeta seja atingida. A partir daí, naturalmente, a meta pode ser obtida. *Interrompa a leitura e tente resolver o problema se ainda não o fez*. A solução completa, representada na Figura 4.5, exige várias etapas adicionais, como se verá agora.

Figura 4.5

Como regra, as submetas são mais fáceis de se alcançar do que a meta global, e esse problema não é exceção. Adicionar um copo a ambos os lados de B na Figura 4.4 produz o que encontramos em D na Figura 4.5. Como o lado esquerdo de D na Figura 4.5 está agora igual ao lado esquerdo de A na Figura 4.4, sabemos que um prato e dois copos contrabalançam um jarro. Assim, os dois jarros equilibrados em C na Figura 4.4 podem ser substituídos por dois pratos e quatro copos como se mostra em E na Figura 4.5. Isso resolve a segunda submeta, que conduz à solução da primeira (mostrada em F na Figura 4.5), levando à solução do problema inicial como se mostra em G na Figura 4.5.

Como outro exemplo do método das submetas, examine o Problema do Triângulo na Ferrovia, na Figura 4.6. *Suspenda a leitura e tente resolver o problema.*

Figura 4.6. O Problema do Triângulo na Ferrovia.

A via principal AB e as duas linhas secundárias AD e BD formam um triângulo ferroviário. Quando uma locomotiva retorna em marcha à ré de A até B, cruza de frente em BD, e dá marcha à ré em AD, ela altera sua direção em AB. Mas como o maquinista levará o vagão preto até BD e o vagão branco até AD e fará com que a locomotiva esteja novamente voltada para a esquerda em AB? A linha sem saída além da chave C só pode suportar ou a locomotiva ou um vagão. A locomotiva pode empurrar ou puxar com as duas extremidades.

Não há inferências que possam ser extraídas dos dados ou das operações, e tem-se inúmeras maneiras de resolver o problema, uma das quais é a das tentativas. Entretanto, como é evidente que a resolução do problema envolverá uma série de etapas, é mais útil tentar definir uma ou mais submetas antes de prosseguir. *Suspenda a leitura e tente definir uma ou mais submetas úteis.*

Como a meta requer que a posição dos dois vagões seja trocada, uma excelente submeta consiste em descobrir uma maneira de inverter suas posições relativas (ou seja, branco à esquerda e preto à direita) em qualquer ponto da linha.

Para solucionar esse problema, é melhor figurar a locomotiva e a posição dos carros fazendo uma representação esquemática da linha férrea no papel e escolhendo objetos para simbolizar os vagões e a locomotiva. Tenha em mente que você deve ser capaz de dizer para que lado a locomotiva está voltada. Uma maneira de alcançar a primeira submeta dispondo os carros em lados opostos está ilustrada na Figura 4.7, onde L representa a locomotiva, B1 o vagão branco, e P o vagão preto. Os passos são os seguintes: 1) mova a locomotiva de marcha à ré ao longo de AB e ultrapasse B; 2) leve-a até o vagão branco; 3) puxe o vagão branco em marcha à ré e passe por B; 4) empurre-o ao longo de AB e ultrapasse A; 5) puxe em marcha à ré em AC e engate o vagão preto na traseira da locomotiva; e 6) faça o trem avançar e ultrapasse A.

Nesse ponto, os vagões e a locomotiva poderiam posicionar-se de acordo com a exigência da meta, mas isso exigiria que virássemos uma vez a locomotiva, o que a deixaria voltada para a direção errada. Naturalmente, é provável que você percebesse isso ao tentar apenas uma vez. De qualquer modo, teria então de definir uma segunda submeta, a de virar a locomotiva sem alterar a posição relativa dos carros. Isso pode ser conseguido desengatando os vagões fora das áreas envolvidas por ABD antes de reposicioná-los. Depois, quando a locomotiva for virada de novo durante o remanejamento dos vagões, ela estará voltada para o mesmo lado em que se encontrava no início.

Observando a etapa 6 na Figura 4.7, você verá que o trem está à esquerda de A com o vagão branco engatado na parte da frente da locomotiva, o vagão preto na parte de trás, e a locomotiva voltada para a esquerda. Os movimentos para alcançar a submeta de virar a locomotiva sem alterar a posição relativa dos vagões (cf. Figura 4.8) são os seguintes: 1) Desengate B1 (deixando-o à esquerda de A) e empurre P de marcha à ré até além de B e desengate-o; 2) movimente L em volta de BC até D; e 3) vá em marcha à ré até A. E agora está voltada para a direita conforme a figura 4.8, e estamos prontos para trabalhar com a última submeta de reposicionar os vagões como se especifica na meta. *Se você ainda não resolveu o problema, deixe o livro de lado e tente fazê-lo.*

Um conjunto de movimentos que atingirão a última submeta apresentada na Figura 4.9 é o seguin-

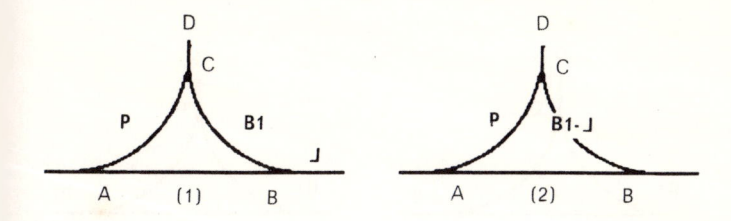

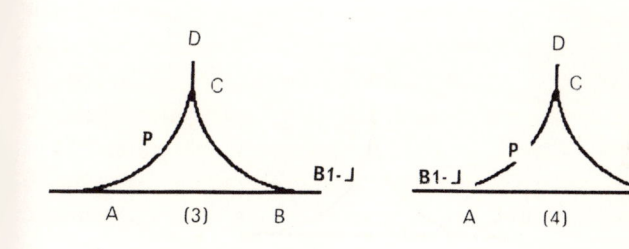

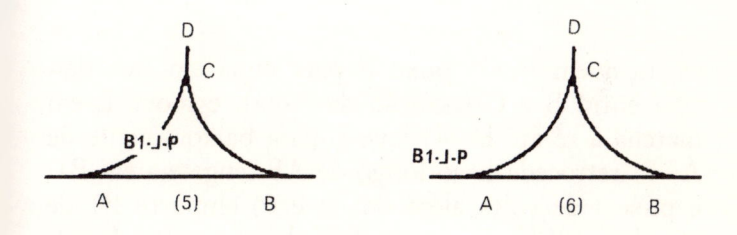

Figura 4.7

te: 1) mova L de marcha à ré ao longo de A e engate B1 na sua parte traseira; 2) mova L ao longo de AB, deixe B1 entre A e B, leve L adiante de B, e

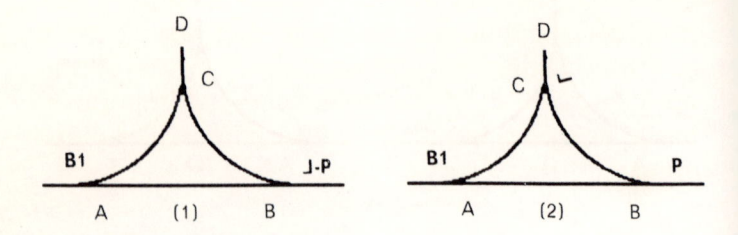

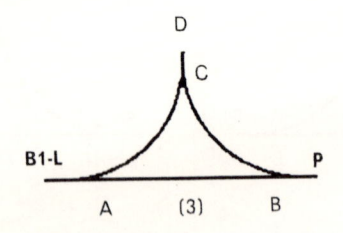

Figura 4.8

engate-a em P; 3) puxe P para cima em BC, deixe-a entre B e C (posição da meta), e mova L em marcha à ré até D; 4) leve L para baixo adiante de A; 5) retroceda L ao longo de AB, engate-a em B1, e puxe-a de volta além de A; e 6) empurre B1 de marcha a ré ao longo de AC, deixe-a entre A e C (posição da meta), leve L adiante de A, e finalmente retroceda L até que ela fique entre A e B (posição da meta).

Nessa solução, foram definidas três submetas: 1) levar os vagões para lados opostos aos que eles estavam no início, 2) virar a locomotiva, e 3) reposicionar os vagões. Poderíamos, naturalmente, considerar cada movimento em uma parte da linha férrea como uma submeta. A escolha desta e do seu tamanho são determinadas por quem está resolvendo o problema. O importante é verificar que você poderá resolver mais facilmente a submeta ou o subproblema do que a sua totalidade, e é isso que torna tão útil o método das submetas.

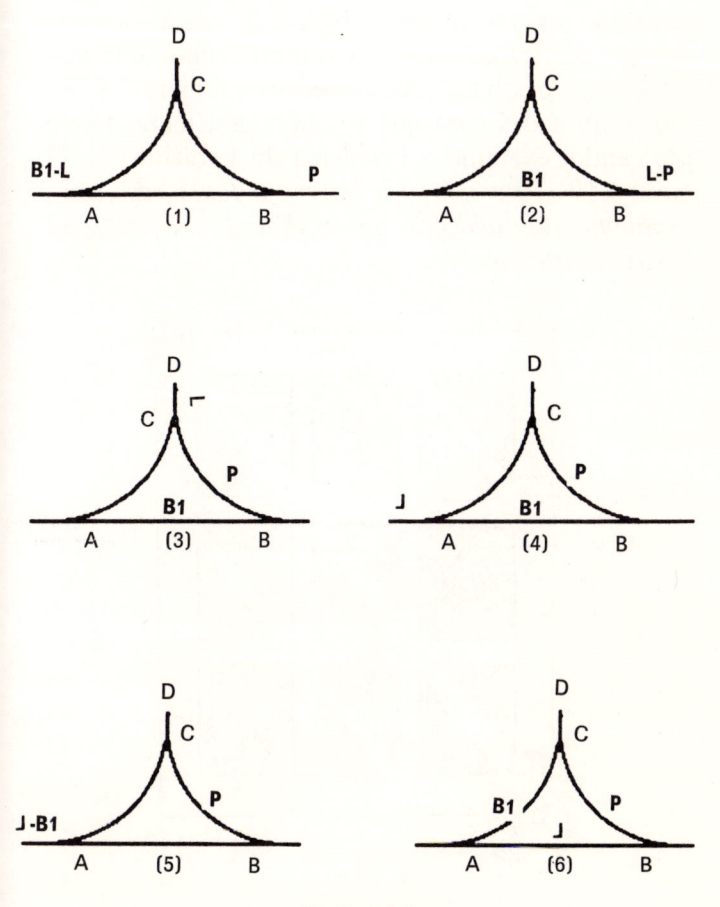

Figura 4.9

Submetas com relações recursivas

Vamos abordar agora uma aplicação da técnica da submeta em problemas onde há relações recursivas entre os seus elementos. Em tais problemas, a meta é o somatório de submetas semelhantes e menores, cada uma das quais, por sua vez, é a soma de submetas semelhantes ainda menores. Assim, a técnica para resolver todo o problema é trabalhar em regressão a partir da meta, formando metas menores até que se alcance o início e a meta menor seja mais facilmente resolvida. As sucessivas submetas são então combinadas para que se obtenha a meta. Exemplificando, examine o Problema do Labirinto na Figura 4.10. *Interrompa a leitura e tente resolver o problema subdividindo numa série de submetas sucessivamente menores.*

Figura 4.10. O Problema do Labirinto.

Um camundongo entra num labirinto à procura de um pedaço de queijo. Há uma infinidade de caminhos que ele poderia seguir, mas apenas um número finito aproximá-lo-á paulatinamente da meta. Quantos caminhos deste último tipo existem?

De início poderíamos ser tentados a resolver o problema traçando simplesmente todos os diferentes trajetos desde o começo até o queijo, combinando-os depois. Contudo, esse procedimento logo se torna muito tedioso e também de difícil organização. Uma alternativa muito melhor é empregar as relações recursivas entre as várias intersecções, ou pontos. Se você analisar o problema com cuidado, perceberá que o número de trajetos que vão do começo até qualquer ponto é simplesmente a soma do número de caminhos que partem do início através de todas as

Figura 4.11

intersecções que levam diretamente ao ponto em questão. Por exemplo, o número de trajetos que conduzem à intersecção I da Figura 4.11 é a soma dos trajetos que vão do começo até as intersecções E e H. Há uma via que parte do começo até H e três que saem do começo até E (uma direta, uma através de D e outra através de A). Assim, temos quatro percursos partindo do começo até o ponto I, o que você poderá facilmente verificar se os traçar.

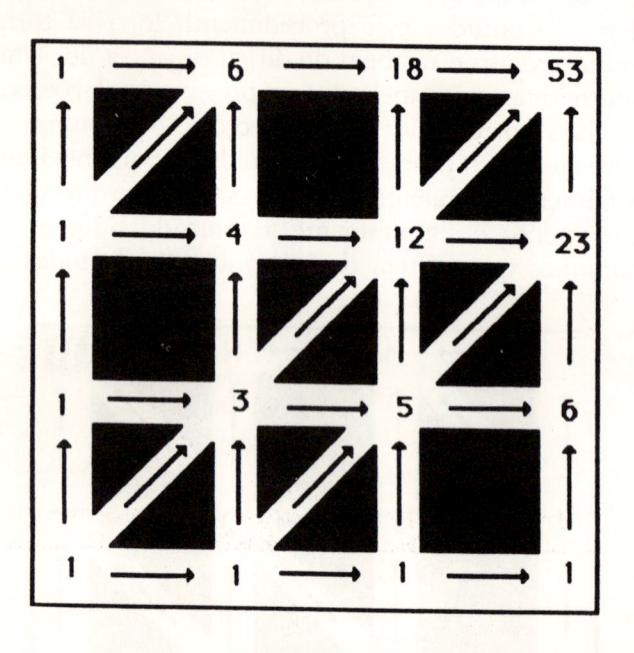

Figura 4.12.

Naturalmente, estamos apenas considerando percursos que se orientam na diagonal (onde há caminhos diagonais), para cima ou para a direita, e não os desvios que descem ou vão para a esquerda. Percebemos duas coisas surpreendentes quando resolvemos o problema dessa forma. A primeira é que é realmente desnecessário traçar todas as rotas de modo a poder contá-las, e a segunda é que todos poderão resolver o problema dessa maneira em menos de cinco minutos. É apenas uma questão de determinar o número de trajetos que chegam a cada intersecção trabalhando do começo até a parte superior direita, até que saibamos quantas vias se dirigem aos pontos J, K e N, que conduzem diretamente à meta. Da maneira como o problema é formulado, tem-se 53 caminhos diferentes que o camundongo poderia seguir para alcançar o queijo. O número de caminhos do começo até cada ponto é mostrado na figura 4.12.

Um exemplo mais complexo de um problema com relações recursivas é o da Torre de Hanói na Figura 4.13. *Suspenda a leitura, examine o problema e tente resolvê-lo.*

Ao analisar o problema, você perceberá que não existem inferências adicionais a ser feitas sobre os dados ou as operações. O problema é tão-só uma questão de encontrar o menor número de movimentos necessários para transferir os seis discos para um pino vazio dentro das restrições especificadas. A maior parte das pessoas tenta resolver esse problema pelo método das tentativas, mas como existem inúmeras combinações possíveis de movimentos, a tarefa torna-se muito difícil. Contudo, o emprego adequado do método das submetas simplifica muito mais o problema, onde a maior parte do esforço se concentra em acompanhar o progresso na direção da meta. Além disso, ao contrário do que poderia parecer no início, determinar o número de movimentos necessários para resolver o problema é consideravelmente mais fácil do que gerar os movimentos efetivos na seqüência correta. O último problema é muito difícil de manejar se você não tiver os discos e os pinos à mão. Sem eles, uma maneira de acompanhar as informações geradas no problema é desenhar um gráfico semelhante ao da Figura 4.13, onde os pinos são chamados de A, B e C, e os discos estão numerados de 1 a 6, sendo 1 o menor e 6 o maior. Considere que a meta é levar os discos de A até C seguindo as regras fornecidas. *Interrompa a leitura e tente resolver o problema definindo uma série de submetas recursivas.*

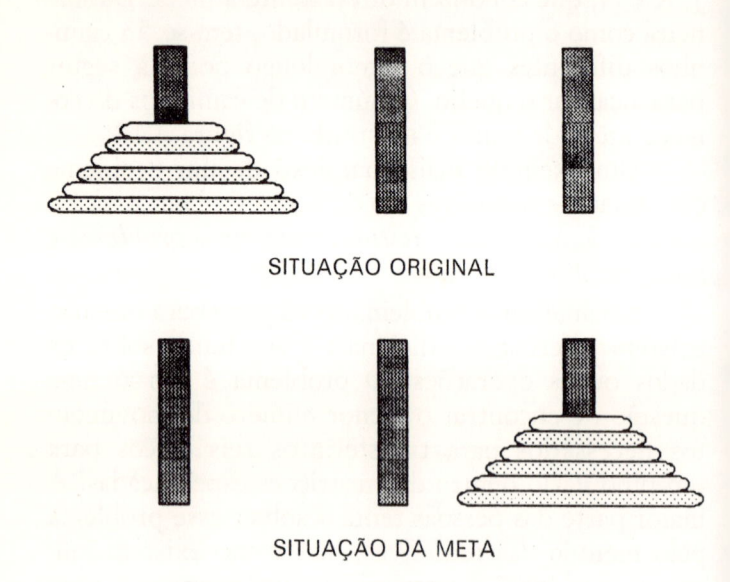

SITUAÇÃO ORIGINAL

SITUAÇÃO DA META

Figura 4.13. O Problema da Torre de Hanói.

O objetivo do quebra-cabeça da pirâmide é transferir os seis discos do pino inicial para um dos pinos vazios, de acordo com as seguintes regras: 1) você só poderá mover um disco de cada vez e 2) você nunca poderá colocar um disco maior sobre outro menor. Qual é o menor número de movimentos que poderá ser empregado para transferir os seis discos do pino inicial para um dos que estão vazios?

Você poderá resolver o problema em questão definindo um conjunto de submetas recursivas e subdividindo depois cada uma delas em submetas menores. Esse processo deverá perdurar até que você tenha gerado um grande conjunto de problemas triviais a serem resolvidos. Você precisará, naturalmente, registrar de maneira sistemática as submetas para que elas possam ser combinadas, a fim de se lograr a solução final. O primeiro conjunto de submetas poderá ser definido através da observação de que os movimentos dos discos numerados de 1 a 6 de A até C se compõem de três submetas. A primeira implica mover os discos de 1 a 5 de A até B, deixando o disco 6 a descoberto. A segunda submeta é simplesmente um movimento do disco 6 de A até C. A terceira consiste em mover os discos de 1 a 5 de B até C para cima do disco 6. Assim o problema de seis discos pode ser subdividido em dois de cinco discos e um movimento do disco 6.

Embora os problemas dos cinco discos não sejam de pouca monta, espera-se que você possa perceber agora que cada um dos problemas dos cinco discos pode ser desmembrado em dois problemas de quatro discos e um movimento adequado do disco 5. Por exemplo, o movimento dos discos de 1 a 5 de A até B envolve a transferência dos discos de 1 a 4 de A até C, a condução do disco 5 de A até B, e a remoção dos discos de 1 a 4 de C para B. Conseqüentemente, o problema dos seis discos pode agora ser concebido como quatro problemas de quatro discos (dois para cada problema de cinco discos), dois movimentos do disco 5, e um movimento do disco 6.

À medida que você continuar a definir submetas dessa maneira, descobrirá que cada problema de disco poderá ser subdividido em dois problemas menores, usando um disco a menos, acrescido do movimento do disco maior. Assim, cada um dos quatro problemas de quatro discos se transforma em dois problemas de três discos, mais um movimento do disco 4. Por sua vez, podemos converter os oito problemas de três discos em dois problemas de dois discos, o que resulta em dezesseis problemas de dois discos, mais oito movimentos do disco 3. Finalmente, os problemas de dois discos podem ser convertidos em 32 problemas de um disco que se compõem de um movimento do disco 1. Ao todo, haverá 32 movimentos do disco 1, dezesseis movimentos do disco 2, oito movimentos do disco 3, quatro movimentos do disco 4, dois movimentos do disco 5 e um movimento do disco 6, perfazendo um total de 63 movimentos para a obtenção da meta. O Problema da Torre de Hanói é uma excelente demonstração do poder do método de submetas recursivas num problema no qual o seu emprego não é evidente de imediato, mas onde ele simplifica bastante a solução. Naturalmente, deve ser observado mais uma vez que determinar o número de movimentos dos discos é um problema diferente do de determinar a seqüência exata dos 63 movimentos.

Resumo

Tentamos, com freqüência, desmembrar um ploblema em partes menores e procuramos solucionar uma parte de cada vez ao invés de enfrentá-lo em sua inteireza de uma só vez. Todavia, demonstrei neste capítulo existir amiúde algo mais a ser obtido quando estamos bastante conscientes e refletimos a respeito do assunto. É sobremodo útil analisar com atenção os dados tencionando encontrar a submeta melhor e mais adequada. Observe-se que, embora tenha sido feita referência a essa técnica, a definição de submetas úteis normalmente não basta para a resolução de um problema. Com mais freqüência, um ou mais dos outros métodos são empregados para solucionar as submetas.

Um aspecto particularmente relevante das submetas pode ser demonstrado nos casos onde estão presentes relações recursivas. Aí, o problema pode ser subdividido num conjunto de problemas menores, mas semelhantes. Esse processo se repete até que criemos um conjunto de pequenos subproblemas facilmente solucionável. Uma vez obtido o conjunto das submetas resultantes, combinamo-las para engendrar a solução completa do problema.

Problemas complementares

Tinta de impressão

Para numerar as páginas de um grande livro, precisamos de 2 989 dígitos. Quantas páginas tem o livro?

O sistema ferroviário da Mongólia

O sistema ferroviário da Mongólia ressente-se da falta de linhas. Ocasionalmente, todo o sistema sofre uma paralisação quando dois grandes trens se encontram num desvio onde a linha de manobra é muito pequena. Por exemplo, todas as quintas-feiras um trem de passageiros de cinqüenta vagões e um trem de carga também com cinqüenta vagões se encontram numa área construída para acomodar trens de 25 vagões. A linha de manobra está ligada à linha principal em ambas as extremidades. Você pode descobrir como eles passam um pelo outro?

Jogo de Grundy

Dois jogadores começam a jogar com uma pilha de sete peças. O primeiro jogador divide uma pilha em duas, que têm de ser *desiguais*. Cada jogador, a partir daí, divide alternadamente qualquer pilha em duas desiguais. Assim, uma pilha de quatro pode ser convertida em pilhas de três e um, mas não é possível jogar com uma pilha de um. O ganhador é o último jogador a efetuar uma jogada legítima. Você conseguiria descobrir um método que garantisse que a pessoa sempre vencesse?

Cruzamento de trens

Dois trens, cada um com oitenta vagões, têm de passar numa linha única que tem uma linha de manobra sem saída. Como eles podem fazer isso se a última só tem extensão suficiente para uma locomotiva com quarenta vagões?

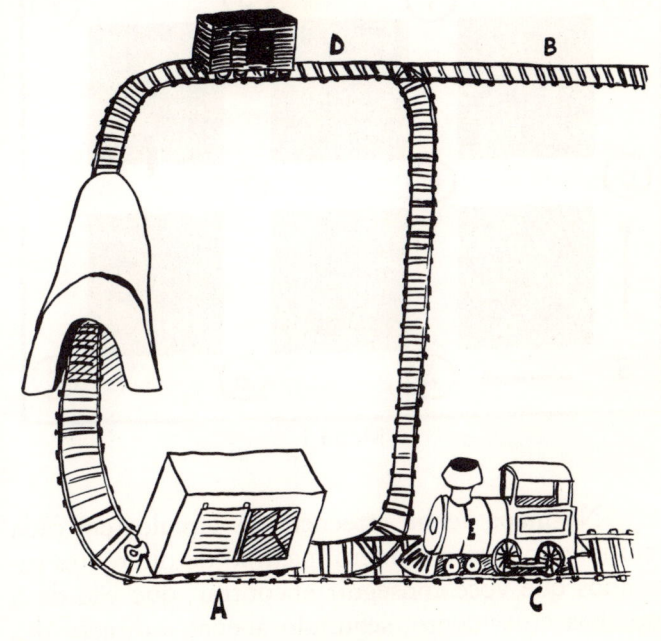

O problema da troca

O túnel é largo o suficiente para acomodar a locomotiva, mas não é bastante amplo para nenhum dos dois vagões. O problema é usar a locomotiva para trocar a posição dos dois vagões, e depois levar a locomotiva para o seu lugar de origem. Cada extremidade da locomotiva pode ser usada para empurrar ou puxar, e os dois vagões podem, se for necessário, ser acoplados um ao outro. Para um maior desafio, elimine a linha de manobra superior. Dois movimentos adicionais são necessários para que o problema seja resolvido dessa última maneira.

Trajetos

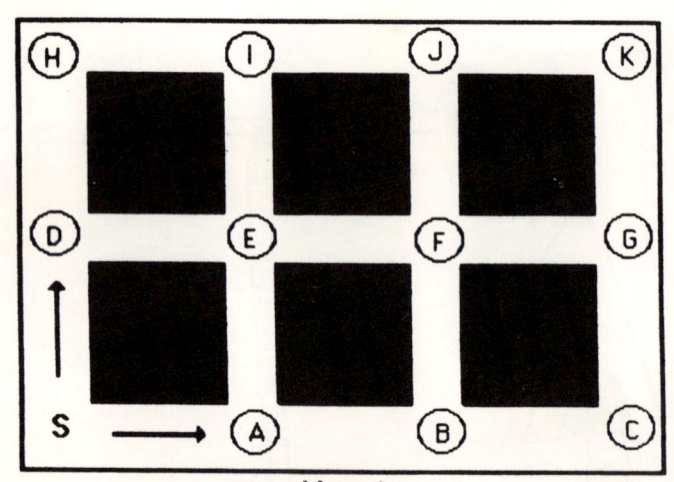

Mapa 1

No mapa acima, preencha os círculos em cada cruzamento com o número máximo de diferentes caminhos que você conseguir encontrar, que vão de S até cada cruzamento, seguindo apenas a direção das setas.

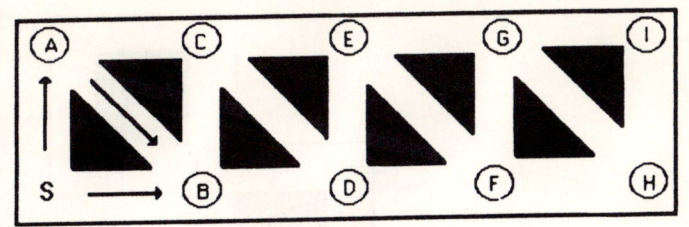

Mapa 2

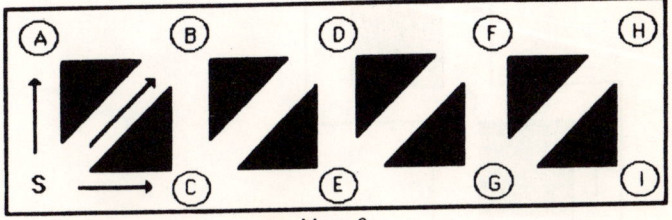

Mapa 3

Nesses mapas, preencha os círculos em cada cruzamento com o número máximo de caminhos diferentes que você conseguir encontrar de S até cada cruzamento, seguindo apenas a direção das setas.

Mapa 4

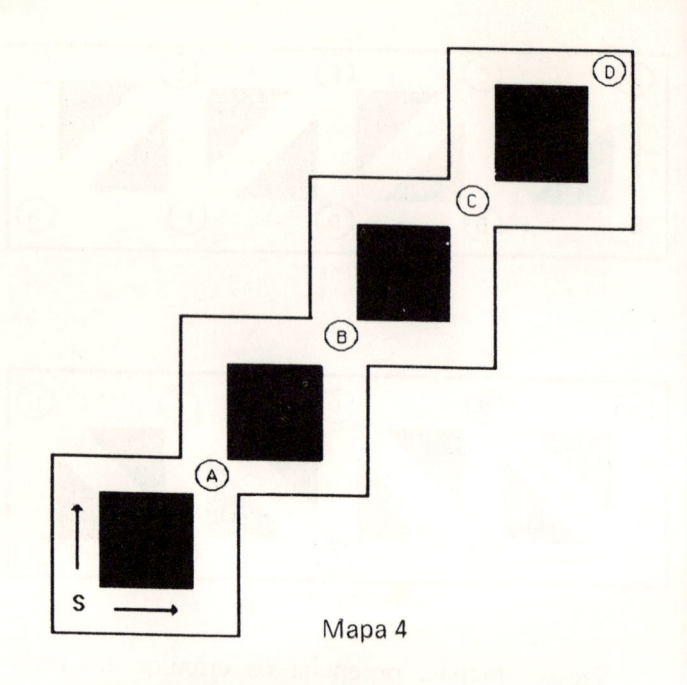

Neste mapa, calcule o número de trajetos distintos que partem de S e vão até cada círculo, e registre os seus resultados.

5
Contradição

Tente resolver o problema da Figura 5.1.

Figura 5.1. Quem é o assassino?

Quatro homens, um dos quais cometeu determinado crime, disseram o seguinte, quando interrogados por um inspetor da Scotland Yard:

Growley: "Snavely é o assassino".
Snavely: "Gaston é o assassino".
Gus: "Eu não sou o assassino".

Gaston: "Snavely mentiu quando disse que eu sou o assassino".

Se apenas uma dessas quatro declarações é verdadeira, quem é o assassino?

Se você se sente confuso e incapaz de realizar qualquer progresso, é provável que tire proveito de uma análise de método para resolver problemas chamados de *contradição*. Como em todos os problemas, temos de ter bem nítidos os dados, as metas e as operações. Os dados são explicitamente declarados aqui (releia as afirmações anteriores), bem como a meta (descobrir quem é o assassino). Só há quatro soluções possíveis para o problema: Growley, Snavely, Gus ou Gaston. Ao aplicar o método da contradição, supomos que cada um dos suspeitos é culpado (um de cada vez), e testamos para ver qual suposição é compatível com os dados. Por exemplo, se pressupomos que Growley é o culpado número 1, isso será compatível com as quatro declarações feitas pelos suspeitos? *Suspenda a leitura e confira as quatro declarações, supondo que Growley é o culpado.*

Será necessário elaborar uma tabela para acompanhar a informação — lembre-se dos três erres: registre, registre, registre. Uma maneira de fazer isso é apresentada no Quadro 5.1. Na parte de cima, temos o nome dos suspeitos. Na lateral, temos cada uma das declarações feitas pelos quatro homens. Supondo que Growley é o culpado, examinemos as quatro declarações e marquemos "verdadeiro" ou "falso".

Está claro que, se Growley é o assassino, então duas das quatro declarações seriam verdadeiras, mas temos a condição de que apenas uma é verdadeira. Assim, a suposição de que Growley é o assassino con-

Quadro 5.1. Solução parcial para o Problema de Quem É o Assassino.

DECLARAÇÕES	OS ACUSADOS			
	Growley	Snavely	Gus	Gaston
Growley: "Snavely é o assassino".	F			
Snavely: "Gaston é o assassino".	F			
Gus: "Eu não sou o assassino".	V			
Gaston: "Snavely mentiu quando disse que eu sou o assassino".	V			

duziu a uma contradição que o elimina como suspeito. *Pare de ler e aplique o mesmo raciocínio aos outros três suspeitos.*

O método para a resolução de problemas chamado contradição é especialmente útil quando a resposta se restringe a um pequeno número de possibilidades e quando é difícil ou impossível provar diretamente a resposta correta. Através da confrontação sistemática de cada resposta possível com as informações dadas, rejeitamos as incompatíveis (que contrariam os dados) e escolhemos as que satisfazem todas as condições do problema. É possível que haja mais do que uma resposta aceitável? É possível! Isso significa que o método é falho? Não! Significa apenas que as condições do problema não são suficientes para produzir uma única resposta. O método da contradição também é valioso de outras maneiras. Ele seleciona todas as respostas possíveis e, se não houver respostas, ele também indica esse fato. Podemos encontrar a tabela completa para o Problema de Quem é o Assassino no Quadro 5.2.

Se Snavely for o assassino, então três declarações são verdadeiras — contradição (apenas uma

Quadro 5.2. Solução completa para o Problema de Quem É o Assassino.

DECLARAÇÕES	OS ACUSADOS			
	Growley	Snavely	Gus	Gaston
Growley: "Snavely é o assassino".	F	V	F	F
Snavely: "Gaston é o assassino".	F	F	F	V
Gus: "Eu não sou o assassino".	V	V	F	V
Gaston: "Snavely mentiu quando disse que eu sou o assassino".	V	V	V	F

pode ser verdadeira). Se Gaston é o assassino, nesse caso, duas declarações são verdadeiras — mais uma vez uma contradição. Se Gus é o assassino, então apenas uma declaração é verdadeira, e isso é compatível com as condições dadas no problema. Assim sendo, Gus é o nosso homem. Elementar, meu caro Watson, elementar!

Não podemos exagerar a importância de acompanhar as informações simbolicamente, graficamente, através de uma tabela, ou de outra maneira sistemática. A não ser no que diz respeito aos problemas mais simples, qualquer busca de uma solução torna-se consideravelmente mais fácil quando aliviamos a carga da nossa memória e registramos o que sabemos no papel. Como foi analisado no capítulo 1, é útil perceber de imediato muitas condições e trabalhar num nível além das limitações da nossa memória.

Como outro exemplo do método da contradição, examine o problema da Figura 5.2. *Suspenda a leitura e procure sua própria solução.*

Figura 5.2. O Problema da Morte de Finelli.

Certa manhã, Shorty Finelli foi encontrado morto por uma bala, e a polícia, muito mais afortunada do que de costume, colocou três fortes suspeitos atrás das grades à noitinha. Nessa mesma noite, os homens foram interrogados e fizeram as seguintes declarações:

Buck (1) "Não fui eu."
       (2) "Nunca vi Joey antes."
       (3) "Claro, conheço Shorty."
Joey (1) "Não fui eu."
       (2) "Buck e Tippy são meus companheiros."
       (3) "Buck nunca matou ninguém."

Tippy (1) "Não fui eu."
(2) "Buck mentiu quando disse que nunca havia visto Joey antes."
(3) "Não conheço o culpado."

Se uma, e apenas uma, declaração de cada homem é falsa, e se apenas um dos homens é culpado, quem é o assassino?

A necessidade de registrar a informação de forma sistemática torna-se premente aqui. Temos agora três declarações de cada pessoa para analisar. O primeiro problema consiste em escolher uma maneira adequada de registrar a informação. Uma delas é ilustrada no Quadro 5.3.

Quadro 5.3. Tabela para registrar o Problema da Morte de Finelli.

DECLARAÇÕES	SUSPEITOS		
	Buck	Joey	Tippy
1	?	?	?
2	?	?	?
3	?	?	?

Em cima temos os suspeitos e, na lateral, os números das declarações. Se partirmos da premissa de que apenas um dos suspeitos é culpado, podemos examinar três declarações para cada homem e indicar se são verdadeiras ou falsas, e em seguida cotejar os resultados com os dados para verificar sua coerência. Como uma, e apenas uma, das declarações de cada suspeito é falsa, nosso quadro deverá ter uma declaração falsa (F) e duas verdadeiras (V) em cada coluna. Se isso não ocorrer, teremos contraditado os dados e será forçoso concluir que a pessoa que apontamos não é culpada. Há três criminosos possíveis, e o pior que pode acontecer é ter de preencher a tabela três vezes, uma para cada homem. *Suspenda a leitura e preencha a tabela, supondo que Tippy é o culpado.*

A pressuposição é que Tippy é o assassino; nesse caso, sua primeira declaração é falsa, o que implica que as outras duas são verdadeiras (lembre-se de que apenas uma das três pode ser falsa). Mas isso nos leva imediatamente a uma contradição, porque Tippy tem de conhecer a si próprio, de modo que a declaração 3 ("Não conheço o culpado") também é falsa. Elimina Tippy da lista de suspeitos. *Interrompa a leitura e preencha o quadro supondo que Buck é o culpado.*

Se Buck o for, sua primeira declaração será falsa e as outras duas, verdadeiras. Por enquanto, tudo bem. Analisemos agora as declarações dos outros suspeitos. A terceira declaração de Joey deve ser falsa, para que as outras duas sejam verdadeiras. As informações são coerentes até agora? Não. As afirmações número 2 de Buck e de Joey não podem ser verdadeiras, pois são contraditórias. Uma delas diz que eles se conhecem e outra diz que não. Mais uma vez, então, chegamos a uma contradição, eliminando Buck como suspeito. Como alguém é culpado e Joey é o único suspeito que resta, aparentemente temos o nosso homem. Mas vamos nos assegurar de que este problema está bem formulado. Não obtemos nenhuma contradição quando supomos que Joey é o assassino. A tabela completa é apresentada no Quadro 5.4.

Se não houvesse outros exemplos disponíveis, você poderia ficar com a impressão de que a contradição é útil apenas para resolver quebra-cabeças — especialmente do tipo "Quem é o culpado?" Tal inferência seria razoável, mas felizmente é falsa. O método da contradição é usado com freqüencia de outras

Quadro 5.4. A solução para o Problema da Morte de Finelli.

DECLARAÇÕES	SUSPEITOS		
	Buck	Joey	Tippy
1	V	F	V
2	F	V	V
3	V	V	F

maneiras. Por exemplo, examine a seguinte afirmação:

Se o produto de dois números inteiros for maior do que 65, então um dos números tem de ser maior do que 8.

Pare de ler e verifique se essa afirmação é verdadeira ou falsa.

Se a conclusão encontrada nessa declaração for falsa, o que poderemos dizer a respeito dos dois números inteiros? É claro que ambos os números têm de ser menores ou iguais a 8. Isso, porém, deixaria implícito que o produto é no máximo 64, o que contrariaria a condição de que o produto dos dois números é maior do que 65. Como a única outra alternativa à conclusão inicial não é possível, é forçoso concluir que a afirmação é verdadeira.

A demonstração de problemas matemáticos

Uma das aplicações mais interessantes do método da contradição foi apresentada por Euclides no século III a.C. Ele demonstrou que entre os números naturais 1, 2, 3, 4... um número infinito deles tem de ser primo. Número primo é o que não pode ser o produto de dois números inteiros que não sejam ele próprio mais um. Por exemplo, 2, 3, 5, 7, 11 e 13 são todos números primos. A demonstração de Euclides representa um dos primeiros usos conhecidos do método da contradição. Para demonstrar que existe um número infinito de números primos, Euclides admitiu o oposto — ou seja, que existe um número finito de números primos — e demonstrou as conseqüências dessa suposição:

1. Existe um número primo P que é o maior de todos.
2. Qualquer número maior do que P não é primo.
3. $N = (1 \cdot 2 \cdot 3 \ldots \cdot P) + 1$ é maior do que P e, portanto, não é primo.
4. Segundo a afirmação 3, N tem um fator primo q.
5. O fator primo q é menor do que P; assim, segundo a afirmação 3: $N = (1 \cdot 2 \cdot 3 \ldots q \ldots \cdot P) + 1 = (r \cdot q) + 1$.
6. Mas se $N = (r \cdot q) + 1$, então q não é um fator de N.

As afirmações 4 e 6 são contraditórias porque, pela afirmação 4, q é um fator de N e, pela afirmação 6, q não é um fator de N. Assim, a suposição de que existe um número primo que é o maior de todos leva a uma contradição, e a única alternativa — ou seja, que existe um número infinito de números primos — é verdadeira. Você poderá ter tido dificuldade em acompanhar este exemplo. Apesar disso, ele ilustra a eficácia do método da contradição na demonstração de teoremas importantes em matemática. Embora você provavelmente não vá demonstrar muitos teoremas, espera-se que encontre o método adequado na resolução de problemas com os quais se deparar.

Resumo

O método da contradição é útil em situações nas quais existe um número relativamente pequeno de soluções alternativas, e elas são conhecidas. A meta é determinar a alternativa correta, se houver uma única alternativa. Isso é feito admitindo-se cada uma das alternativas por sua vez, e confrontando suas implicações com os dados.

A verificação das alternativas envolve um emprego considerável da inferência, como foi analisado no capítulo 2. Se existe uma única solução para o problema, todas as alternativas, exceto uma, levarão a contradições lógicas com relação aos dados. Assim, a partir de uma perspectiva lógica, se há uma solução correta, e apenas uma é compatível com toda a informação dada, então ela deve ser a correta.

Embora esse aspecto não tenha sido abordado explicitamente, gostaria de assinalar que a contradição é proveitosa se usada conjuntamente com outros métodos. Em muitos casos, é possível excluir algumas das soluções potenciais para um problema de inferência antes de usar a contradição. Finalizando, é provavelmente certo que a contradição não seja de aplicação tão ampla como os outros métodos analisados, mas ela pode ser bastante eficaz nas situações em que é pertinente empregá-la.

Problemas complementares

A verdade e a falsidade

Duas tribos habitavam uma terra longínqua. Os ananias eram mentirosos inveterados, e os diógenes, indiscutivelmente sinceros. Certa vez, um estranho foi visitar a terra, e ao encontrar um grupo de três habitantes perguntou a que tribo eles pertenciam. O primeiro murmurou alguma coisa que o estranho não entendeu. O segundo declarou: "Ele disse que era um anania". O terceiro disse ao segundo: "Você é um mentiroso!" A pergunta é: a que tribo pertencia a terceira pessoa?

"Fui envenenado"

Quatro homens estavam jantando juntos num restaurante quando um deles esforçou-se por ficar em pé e gritou: "Fui envenenado!" e caiu morto. Seus companheiros foram presos no local e ao ser interrogados fizeram as seguintes declarações, das quais exatamente uma é falsa em cada caso:

Watts: "Não sou o assassino".
"Eu estava sentado do lado de O'Neil".

"Fomos servidos pelo garçom de sempre".
Rogers: "Eu estava sentado defronte a Smith".
"Fomos servidos hoje por outro garçom".
"O garçom não é o assassino".
O'Neil: "Rogers não é o assassino".
"Foi o garçom que envenenou Smith".
"Watts mentiu quando disse que fomos servidos pelo garçom de sempre".

Considerando que apenas os companheiros de Smith e o garçom estão envolvidos no caso, quem é o assassino?

Uma história de crime

Uma professora primária teve sua bolsa roubada. O ladrão certamente era Lillian, Judy, David, Theo ou Margaret. Quando as crianças foram interrogadas, cada uma fez três declarações:

Lillian: (1) "Eu não roubei a bolsa".
(2) "Nunca roubei nada em minha vida".
(3) "Foi Theo quem roubou a bolsa".
Judy: (4) "Eu não roubei a bolsa".
(5) "Meu pai é bastante rico, e eu tenho minha própria bolsa".
(6) "Margaret sabe quem roubou a bolsa".
David: (7) "Eu não roubei a bolsa".
(8) "Eu não conhecia Margaret antes de entrar para esta escola".
(9) "Theo roubou a bolsa".

Theo: (10) "Não sou culpado".
(11) "Margaret roubou a bolsa".
(12) "Lillian mentiu quando disse que roubei a bolsa".
Margaret: (13) "Não roubei a bolsa da professora".
(14) "Judy é culpada".
(15) "David pode responder por mim, uma vez que me conhece desde que nasci".

Mais tarde, cada criança admitiu que duas das suas declarações eram verdadeiras e que uma era falsa. Considerando que isso seja verdade, quem roubou a bolsa?

Vice-versa

As coisas não são sempre o que parecem. O que é verdadeiro a partir de um ponto de vista pode ser falso a partir de outro, e vice-versa, e temos aqui um quebra-cabeça para demonstrá-lo. Sem dúvida, qualquer professor de aritmética versado em inglês declararia sem hesitar que não é correto escrever o seguinte:

```
  S E V E N
 −N I N E
  E I G H T
```

Isso é correto, neste quebra-cabeça, no qual cada letra representa um dígito diferente. É uma subtração correta, e na verdade pode ser decifrada satisfatoriamente de duas maneiras distintas. Quais os dígitos que as diversas letras representam em cada uma das duas possíveis soluções?

Os três meninos

Três meninos juntos pesam 250 libras, das quais Bill pesa 105. O garoto descalço pesa exatamente 15 libras a menos do que o menino mais pesado. Chuck pesa mais do que o garoto que usa tênis. Art pesa menos do que o menino com mocassins. Qual é o garoto que está descalço?

Dinheiro por telegrama

Uma estudante universitária enviou o seguinte telegrama para seu pai:

$$\begin{array}{r} \$\,W\,I\,R\,E \\ +\,M\,O\,R\,E \\ \hline \$\,M\,O\,N\,E\,Y \end{array}$$

Se cada letra representa um único dígito (0-9), quanto dinheiro ela está pedindo ao pai?

Pais e filhos

Três mulheres, Beth, Dorothy e Louise, são casadas com três homens, Barber, Cutler e Drake. Cada casal tem um filho, e os nomes dos meninos são Allan, Henry e Victor. A partir das informações fornecidas abaixo, associe cada casal ao seu filho.

1. Drake não é nem o marido de Louise e nem o pai de Henry.
2. Beth não é a mulher de Cutler e nem a mãe de Allan.
3. Se o pai de Allan for Cutler ou Drake, então Louise será a mãe de Victor.
4. Se Louise for a mulher de Cutler, Dorothy não será a mãe de Allan.

6
Trabalhando de trás para a frente

Tente resolver o problema da Figura 6.1.

Figura 6.1. O Problema da Cara ou Coroa.

Três pessoas resolveram jogar cara ou coroa a dinheiro. Cada uma atira uma moeda, e aquele que não consegue igualar os outros dois é o perdedor. O perdedor deve dobrar a quantia que cada oponente possui nessa ocasião. Depois de três rodadas, cada jogador já perdeu uma vez e tem 24 dólares. Quanto cada pessoa tinha no início do jogo?

Qualquer solução para um problema pode ser considerada como um caminho que leva da informação dada até a meta. Em alguns casos, já conhecemos o que é tipicamente considerado como a meta, e o problema consiste em determinar o conjunto correto de operações que atingirão a meta ou o estado inicial do qual a meta se originou. Nessas situações, costuma ser mais fácil começar pela meta e trabalhar de trás para a frente até o estado inicial. Tendo feito isso, se encontra a solução simplesmente ou no ponto de partida ou na mesma série de etapas na ordem inversa. Por exemplo, no Problema da Cara ou Coroa, o resultado final é conhecido — todos os três jogadores terminam com 24 dólares. O ponto de partida pode ser encontrado se trabalharmos de maneira regressiva em uma rodada de cada vez. Especificamente, como cada jogador tinha 24 dólares depois da terceira rodada, os dois ganhadores desta rodada (que duplicaram o seu dinheiro) tinham de ter cada um 12 dólares no final da segunda rodada. Para poder pagar 12 dólares a cada ganhador e ainda terminar com 24, o perdedor desta rodada tem de ter tido 48. Assim, a distribuição de dinheiro entre os três jogadores depois da segunda rodada foi determinada. De maneira semelhante, podemos continuar a trabalhar regressivamente até chegar ao estado inicial.

Se representarmos por J1, J2 e J3 os jogadores que perderam o primeiro, o segundo e o terceiro jogos, respectivamente, então o Quadro 6.1 mostrará a distribuição do dinheiro entre os três jogadores em cada etapa, o que foi feito em regressão.

Quadro 6.1. A solução do Problema da Cara ou Coroa.

SITUAÇÕES	JOGADORES		
	J1	J2	J3
Depois da 3.ª rodada	24	24	24
Depois da 2.ª rodada	12	12	48
Depois da 1.ª rodada	6	42	24
Inicial	39	21	12

Observe que, no problema, o caminho da meta para a situação inicial é determinado de um único modo; assim, em cada estágio da solução a situação anterior é imposta pelas condições do problema. Ao trabalhar em regressão, conseguimos chegar diretamente à solução sem quaisquer desvios.

É muito fácil resolver o Problema do Café com Leite, do capítulo 2, através do método regressivo. Lembre-se de que o problema começa com duas xícaras de líquido — café numa xícara e leite na outra. Uma colher de chá de leite é adicionada à xícara de café. Depois disso, uma colher de chá do café diluído é misturada de volta à xícara de leite. O problema é determinar se há mais leite na xícara de café do que café na xícara de leite, ou se a quantidade do leite no café é igual à quantidade do café no leite. O inusitado deste problema é que podemos continuar a trocar indefinidamente colheres de chá de leite diluído e de café diluído, e a resposta permanece inalterada desde que troquemos sempre colher de chá por colher de chá e mantenhamos sempre a mesma quantidade de líquido em cada xícara. *Pare de ler e tente resolver este problema trabalhando de maneira regressiva.*

Se tivéssemos de acompanhar a quantidade de leite ou de café que se transferia em cada troca, o problema logo se tornaria incontrolável. Entretanto, se partirmos incontinenti para o resultado final — duas xícaras de líquido — uma simples observação resolverá este problema. Suponha que o leite e o café se separassem e o leite subisse até a parte de cima de cada xícara, como se ilustra na Figura 6.2.

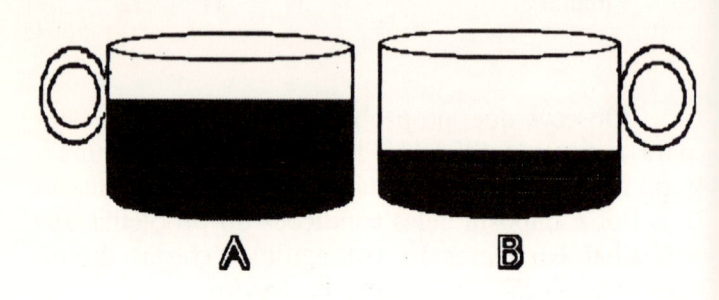

Figura 6.2

Como nós começamos com uma xícara cheia de café e uma xícara cheia de leite, o café na xícara B tem de ser exatamente igual ao leite na xícara A. Ou seja, eles simplesmente substituíram um ao outro. Assim, a concentração de leite na xícara A é exatamente a mesma que a concentração de café na xícara B, e o problema está resolvido.

O Problema de Wimbledon, da Figura 6.3, é outro exemplo no qual saltar até o resultado e olhar em retrospectiva torna o problema extremamente fácil de resolver. *Suspenda a leitura e tente resolver este problema.*

Cento e um ávidos jogadores de tênis participaram do torneio de Wimbledon este ano. Quantas partidas foram jogadas ao todo antes que alguém se sa-

Figura 6.3. O Problema de Wimbledon.

grasse campeão? Lembre-se de que em Wimbledon as partidas são eliminatórias.

Após o encerramento do torneio, só haverá uma pessoa ganhadora de todas as partidas (o vencedor, naturalmente). Todas as outras (cem jogadores) terão perdido exatamente uma partida, porque esse torneio é eliminatório. Em cada jogo uma pessoa perde, sendo que o número de partidas disputadas foi exatamente cem.

Uma situação prática, cotidiana, na qual trabalhar em regressão é bastante profícuo, surge quando você tem alguma coisa programada para determinada hora, mas há diversas outras tarefas a realizar antes dela. Primeiro você relaciona as coisas que têm de ser feitas, sua ordem e uma estimativa do tempo que cada uma vai levar. Depois, começando com a hora em que você precisa sair para o evento programado, você poderá trabalhar regressivamente para ver a que horas cada evento terá de ser iniciado.

Como exemplo de um problema de planejamento, admitamos que você pretende ir a um concerto com início às 19 horas. As outras coisas que precisam ser feitas e os seus prazos estimados são: dirigir até o concerto — trinta minutos; tomar banho e se vestir — uma hora; preparar o jantar e tomar a refeição — trinta minutos; lavar roupa e escrever algumas cartas que já deviam ter sido escritas há muito tempo — 45 minutos; e lavar o carro — 45 minutos. Trabalhando em regressão e partindo das 19 horas, a hora em que tem início o concerto, você precisaria sair às 18h30, começar a tomar banho às 17h30, começar a preparar o jantar às 17 horas, lavar roupas e escrever as cartas às 16h15 e lavar o carro às 15h30. Desse modo, você pode ver que se os prazos estimados forem realistas e você quiser concluir todas as coisas da sua lista, terá de começar às 15h30.

Resumo

É extremamente proveitoso trabalhar em regressão quando já conhecemos o que em regra seria considerado a meta, mas não ignoramos o conjunto de operações conducentes à meta ou quiçá ao ponto de partida. Embora às vezes seja possível resolver o problema trabalhando na direção normal através de um longo processo do método das tentativas, operar no sentido inverso poderá simplificar bastante a solução.

A exemplo da contradição, embora a técnica de regressão seja muito eficaz, ela provavelmente não é empregada com tanta freqüência quanto algumas das outras técnicas analisadas anteriormente. Assemelha-se com o que ocorre quando saímos tarde de um cinema e percebemos haver esquecido de desligar os faróis do carro, e que a bateria descarregou. Nessa ocasião, dispor de "cabos de chupeta" seria como a técnica de trabalhar em regressão. Você não os usa com freqüência, mas, quando precisa deles, nada há que os substitua.

Problemas complementares

Três marinheiros e um macaco

Três marinheiros e um macaco estavam numa ilha. Certa noite, os marinheiros reuniram todos os cocos que puderam encontrar e os juntaram numa grande pilha. Ficaram muito cansados por terem trabalhado tanto, de forma que resolveram esperar pela manhã para dividir os cocos em partes iguais. Durante a noite, um marinheiro acordou e separou os cocos em três pilhas iguais, e deu ao macaco um coco que tinha sobrado. Pegou uma pilha, enterrou-a, juntou as outras duas e voltou para sua maca. Depois disso, os outros dois marinheiros, cada um por sua vez fizeram exatamente a mesma coisa. Na manhã seguinte, quando os cocos que sobraram foram divididos igualmente entre os marinheiros, sobrou um, que foi dado ao macaco. Qual é o menor número de cocos que eles podem ter reunido?

O pombo treinado

Dois trens, separados por 120 milhas, estão correndo na direção um do outro num percurso de colisão, cada um a uma velocidade de 30 milhas por hora. Um pássaro voa continuamente a uma velocidade de 75 milhas por hora entre a fumaça das chaminés de cada trem, fazendo inversões instantâneas em cada extremidade. Isso continua até que os dois trens colidem, restando apenas uma pilha de sucata e algumas penas. Qual a distância que o pássaro percorreu?

O guru

Um dia, enquanto meditava, um guru caiu dentro de um poço de 30 pés de profundidade. Depois de observar suas tentativas para sair, percebemos que cada dia o guru subia 3 pés e cada noite escorregava de volta 2 pés. Quanto tempo o guru levou para sair do poço?

O jogo Woolworth

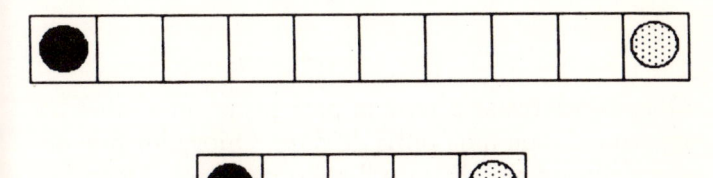

Figura 6.4.

Um jogador tem peças pretas e o outro tem peças claras. Os dois conjuntos de peças fazem parte do jogo, e qualquer um deles pode ser usado para efetuar uma jogada. Reveze avançando ou recuando uma das peças tantos espaços quantos você desejar. Não é permitido "saltar" sobre as peças, de forma que quando um jogador move uma peça contígua a uma do oponente, este deve voltar para a posição inicial. O jogador que conseguir fazer com que o oponente volte à posição inicial nos dois conjuntos de quadrados ganha a partida. Faça a primeira jogada. Descubra a estratégia de vitória para quem joga em primeiro ou em segundo lugar.

O caminhão no deserto

Um caminhão atinge a extremidade de um deserto de 400 milhas de extensão. O veículo faz apenas 1 milha com um galão de gasolina, e a capacidade total do caminhão, incluindo bujões adicionais, é de 180 galões; assim sendo, terão de ser providenciados depósitos provisórios no deserto. Existe gasolina à vontade na extremidade do deserto. Se fizermos um bom planejamento, qual é o menor consumo de gasolina necessário para que o veículo consiga atravessar o deserto?

"Nim"

Dois jogadores se alternam para pegar uma, duas ou três moedas de uma pilha de doze. O jogador que pegar a última moeda da pilha é o perdedor. Descubra uma estratégia de vitória para a pessoa que joga em primeiro ou em segundo lugar.

Soluções dos problemas complementares

Capítulo 1

Cabo-de-guerra

Há três relações básicas que podem ser estabelecidas a partir das informações, usando as primeiras letras dos nomes como símbolos. Essas relações são as seguintes: 1) $M > S + K$, 2) $M + S = K + A$, e 3) $M + K < S + A$. A partir daí, pode ser mostrado logicamente que Angie é mais forte do que Marie, que é mais forte do que Susan, que, por sua vez, é mais forte do que Karen.

A fazenda de gado leiteiro

A solução é representar simbolicamente os dados e estabelecer as relações entre eles. A relação global mais importante neste problema é que a quantidade de leite fornecida pelos dois grupos de vacas é igual, embora um grupo leve cinco dias e o outro apenas quatro para fornecer a mesma quantidade de leite. Como as duas quantidades de leite são iguais, a relação básica pode ser representada simbolicamente assim:

5 dias $\times$ (4P + 3M) = 4 dias $\times$ (3P + 5M)

Efetuando a multiplicação, obtemos:

$$20P + 15M = 12P + 20M$$

Nesse ponto, você poderá imaginar que os dois grupos de vacas estão um em cada lado de uma grande balança. Como as vinte vacas marrons do lado direito precisam apenas de doze vacas pretas para que ocorra o equilíbrio, e as vinte vacas pretas à esquerda precisam de quinze vacas marrons para que aconteça a mesma coisa, podemos concluir que as vacas marrons fornecem mais leite.

Os trens

Para muitas pessoas, este problema se afigura difícil. Em primeiro lugar, é importante compreender as duas situações em que 1) o trem de passageiros alcança o trem de carga quando ambos vão na mesma direção, e 2) o trem de passageiros passa pelo trem de carga quando eles estão indo em direções opostas. Isso pode ser realizado se elaborarmos alguns gráficos ou se usarmos alguns objetos que possam ser movimentados. A partir de uma cuidadosa análise da situação, podemos concluir que o tempo necessário para que o trem de passageiros alcance o trem de carga se dá em função da *diferença* entre as velocidades dos dois trens. Contudo, o tempo necessário para que eles passem um pelo outro quando se encontram de frente está em função da *soma* das suas velocidades. Além disso, como se afirma no problema, a relação entre os tempos dos dois eventos é de 2 para 1. Ou seja, a soma das suas velocidades é duas vezes a diferença das suas velocidades. Colocando isso de forma simbólica, temos: $(C + P) = 2(C - P)$.

Depois de estabelecer as relações adequadas, o problema poderia ser facilmente resolvido algebricamente, mas é instrutivo tentar resolvê-lo de forma lógica e conceitual. Nesse ponto, o fato de estar lidando com velocidades não é realmente importante. Podemos encarar o problema como um caso genérico onde buscamos a relação entre duas quantidades quaisquer quando sua *soma* é exatamente o dobro da sua *diferença*. Depois de uma análise cuidadosa e da elaboração de alguns gráficos, podemos verificar que a razão é de 3 para 1. Ou seja, a velocidade do trem de passageiros é três vezes maior que a do trem de carga.

Inversão

A melhor maneira de representar este problema é anotar os números em alguns pedaços de papel, de modo a poder manipulá-los com mais facilidade. Uma solução é 4231 → 3241 → 2341 → 4321 → 1234.

Três movimentos

A maneira mais adequada de representar este problema é, de fato, usar palitos de fósforos ou outros objetos que possam ser diretamente manipulados. Ao fazê-lo, teremos uma solução razoavelmente direta, de acordo com o quadro a seguir:

Quadro S.1. A solução do Problema dos Três Movimentos.

MOVIMENTOS	PILHAS		
	1	2	3
Início	11	6	7
Movimento 1	4	6	14
Movimento 2	4	12	8
Movimento 3	8	8	8

A contagem dos quadrados

A solução deste problema requer a elaboração de uma tabela para acompanhar o número de quadrados de várias unidades de comprimento (dois, três, quatro e cinco). Podemos inferir então uma relação dos resultados que permitirá seja feita a previsão para o quadrado de seis unidades de comprimento. Temos a seguir a solução completa do problema:

Quadro S.2. A solução do Problema da Contagem dos Quadrados.

UNIDADE DE COMPRIMENTO	NÚMERO DE QUADRADOS DE N-UNIDADES DE COMPRIMENTO						TOTAL
	1	2	3	4	5	6	
2x2	4	1					5
3x3	9	4	1				14
4x4	16	9	4	1			30
5x5	25	16	9	4	1		55
6x6	36	25	16	9	4	1	91

Vinte

O número total de combinações é onze. É importante descobrir aqui uma maneira de determinar sistematicamente todas as possibilidades sem perder nenhuma, de modo que você possa ter a certeza de que incluiu todas as combinações permitidas e de que não incluiu as não-permitidas. Uma abordagem é começar com o maior valor possível para o dígito que começa num lado (por exemplo, o esquerdo). "Desloque" então os valores para os outros dígitos à esquerda, sempre mantendo os valores à esquerda tão grandes quanto possível. Apresentamos a seguir uma solução que usa essa técnica:

Quadro S.3. A solução do Problema do Número Vinte.

1. $13 + 1 + 1 + 1 + 1 + 1 + 1 + 1 = 20$
2. $11 + 3 + 1 + 1 + 1 + 1 + 1 + 1 = 20$
3. $9 + 5 + 1 + 1 + 1 + 1 + 1 + 1 = 20$
4. $9 + 3 + 3 + 1 + 1 + 1 + 1 + 1 = 20$
5. $7 + 7 + 1 + 1 + 1 + 1 + 1 + 1 = 20$
6. $7 + 5 + 3 + 1 + 1 + 1 + 1 + 1 = 20$
7. $7 + 3 + 3 + 3 + 1 + 1 + 1 + 1 = 20$
8. $5 + 5 + 5 + 1 + 1 + 1 + 1 + 1 = 20$
9. $5 + 5 + 3 + 3 + 1 + 1 + 1 + 1 = 20$
10. $5 + 3 + 3 + 3 + 3 + 1 + 1 + 1 = 20$
11. $3 + 3 + 3 + 3 + 3 + 3 + 1 + 1 = 20$

O mensageiro

O aspecto mais interessante deste problema é que ele é o exemplo clássico de um argumento convincente que pode nos levar a trilhar o caminho mais fácil. Desse modo, ao resolver o problema, você deve tomar cuidado em acompanhar qual perspectiva está sendo usada para computar determinada quantia. Por exemplo, uma vez que o mensageiro tenha devolvido aos hóspedes o seu dinheiro, apenas 27 dólares terão sido pagos pelo quarto, e não 29. O gerente tem 25 dólares e o mensageiro, 2. A ilusão é criada por causa da maneira como as duas últimas frases do problema estão estruturadas. Na primeira leitura, você poderá ser persuadido a somar a gorjeta do mensageiro aos 27 dólares que os hóspedes pagaram pelo quarto ao invés de subtraí-los, o que deixa 1 dos 30 dólares iniciais sem ser computado. Com relação aos 30 dólares pagos originalmente pelo quarto, o gerente tem 25, o mensageiro 2, e cada um dos hóspedes tem 1, perfazendo um total de 30.

Troco

Como no caso do Problema dos Vinte, você deve procurar com cuidado uma forma sistemática de relacionar todas as possibilidades sem descartar nenhuma que seja permitida e não incluindo nenhuma que não o seja. Pode-se começar com tantos *dimes* quanto possível, depois *nickels,* e depois *pennies,* gerando sistematicamente cada nova possibilidade, e usando tantas moedas quanto possível do valor mais elevado antes de prosseguir com as moedas de menor valor. O troco pode ser feito de doze maneiras diferentes. Uma das formas de apresentar a solução encontra-se no quadro seguinte:

Quadro S.4. A solução do Problema do Troco.

	"DIMES"	"NICKELS"	"PENNIES"
1.	2	1	0
2.	2	0	5
3.	1	3	0
4.	1	2	5
5.	1	1	10
6.	1	0	15
7.	0	5	0
8.	0	4	5
9.	0	3	10
10.	0	2	15
11.	0	1	20
12.	0	0	25

Triângulos

É especialmente importante, neste problema, descobrir uma maneira sistemática de isolar os diferentes tipos de triângulos para ter certeza de que cada um será contado uma única vez. Uma abordagem é atribuir os triângulos a um ângulo ou lado externo e contar todos os triângulos atribuídos a ele. Nesse caso, como existem cinco ângulos ou lados externos, haveria sete vezes o número de triângulos. Assim, há um total de 35 triângulos diferentes. Apresenta-se uma maneira de organizar a solução através do uso do ângulo externo esquerdo inferior como um ponto de referência, como na ilustração seguinte.

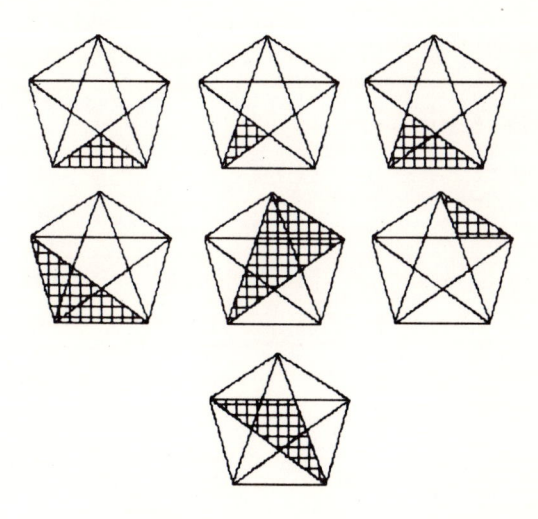

Fechem os seus armários

Precisamos de uma representação onde a posição de cada armário possa ser alterada de fechado para aberto e vice-versa. Isso poderia simplesmente ser uma relação de números com A para aberto e F para fechado. A situação pode ser alterada, cortando-se ou apagando-se cada vez que um novo aluno chegar ao fim. Por volta de cinqüenta armários, surge um padrão revelador de que os armários que permanecem fechados são os quadrados perfeitos (por exemplo, 1, 4, 9, 16, 25, etc.).

Dólares de prata

O menor número que poderia haver em dez bolsos seria 0, 1, 2, 3, 4, 5, 6, 7, 8, 9, que somam 45 dólares. A resposta, portanto, é "não"!

Capítulo 2

A contagem das linhas

Este problema objetiva fomentar nossa habilidade de inferir um padrão a partir de resultados obtidos, enquanto acompanhamos cuidadosamente as informações geradas no problema. É muito parecido com o Problema da Contagem dos Quadrados do capítulo 1. Temos a seguir a solução completa do exercício.

Quadro S.5. A solução do Problema da Contagem das Linhas.

PONTOS	LINHAS
2	1
3	3
4	6
5	10
6	15
7	21
8	28
9	36

A contagem diagonal

Tal como o Problema da Contagem das Linhas, este problema destina-se a nos fornecer a habilidade de inferir um padrão a partir de resultados, ao mesmo tempo em que temos de acompanhar atentamente as informações geradas no problema. A solução completa é apresentada a seguir.

Quadro S.6. A solução do Problema da Contagem Diagonal.

LADOS	DIAGONAIS
3	0
4	2
5	5
6	9
7	14
8	20
9	27

A capacidade da garrafa

Este problema se propõe a examinar inferências sobre operações, neste caso as que serviriam para medir e calcular a capacidade de garrafas. Pressupõe que você conheça as fórmulas para cálculo do volume de objetos regulares como cilindros e cubos e que você possa usar um padrão para medir tais quantidades como o raio de uma garrafa redonda ou o comprimento dos lados de uma garrafa retangular. Envolve também o que poderia ser considerado como discernimento quanto ao movimento do líquido na garrafa caso sua posição seja alterada.

A capacidade total de qualquer garrafa parcialmente cheia é formada pela soma do líquido da parte cheia com o ar da parte vazia. Com a garrafa em pé, você poderá descobrir o volume do líquido, medindo as dimensões apropriadas, o que depende de o formato da garrafa ser redondo ou retangular. A inferência crítica está em poder medir então o volume de ar na parte vazia virando a garrafa de ponta-cabeça e deixando o líquido fluir para o gargalo. Não importa quão irregular seja o gargalo; se a garrafa estiver cheia mais do que pela metade, o líquido normalmente será mais do que suficiente para enchê-la completamente. Isso deixará ar apenas na parte regular ou cilíndrica da garrafa. O volume do ar poderá então ser calculado da mesma maneira como fizemos para o líquido, comparando as dimensões com o padrão e usando a fórmula adequada. O volume de ar pode ser agora adicionado ao volume do líquido encontrado anteriormente, e o problema estará resolvido.

Café com leite

Este problema causa dificuldades à maioria das pessoas, não por ser ilógico, mas porque não se consideram todas as informações ao se fazer inferências. A maioria das pessoas que têm dificuldades comete engano ao concluir haver mais leite no café do que café no leite. Raciocinam que a colher de líquido tirada primeiro do leite e colocada no café continha leite puro, mas que a colher de líquido tirada da mistura de café com leite não contém café puro. Assim sendo, elas julgam que foi colocado mais leite no café do que café no leite.

É verdade que uma colher cheia de leite foi colocada no café, e que menos do que uma colher de café foi colocada no leite. Entretanto, como o café transformou-se numa mistura, uma parte da colher de leite que tinha sido originalmente colocada no café foi devolvida à xícara de leite por causa da troca. Na verdade, se você parar e analisar o conteúdo da colher da mistura antes de ela ser colocada no leite, perceberá que a fração de leite que ela contém (por exemplo, 1/10 de colher) tem de ser exatamente a mesma quantidade de café que seria necessária para transformá-la numa colher de café puro. Dessa forma, se há apenas 9/10 de colher de café na colher, então 1/10 de colher de leite está sendo devolvido. Isso significa que apenas 9/10 da colher de leite permaneceram na xícara de café. Assim, quando a mistura for colocada dentro da xícara de leite, haverá a mesma quantidade de café no leite do que de leite no café.

O problema da idade

Como ocorre com alguns dos problemas do capítulo 1, resolvemos este exercício usando símbolos e as informações fornecidas para ajudar na análise das relações entre os elementos do problema, e depois empregamos a lógica para determinar as idades relativas de todas as pessoas. A solução final é Steve > Jack = Stan > Bob > Kent > Karen.

Arquimedes e sua pedra de estimação

Este problema é um exemplo relativamente direto de análise dos dados, o que inclui alguns princípios de física, e depois a elaboração das inferências corretas a partir desses princípios. Em primeiro lugar, enquanto a pedra passeava no barco, ela flutuava e, conforme o primeiro princípio, deslocava o seu peso na água. Ao ser arrojada para fora do barco e afundar, de acordo com o segundo princípio, ela deslocou menos do que o seu peso em água. Desse modo, o resultado final foi que o nível do lago baixou porque menos água estava sendo deslocada quando a pedra se encontrava no fundo do lago do que quando ela estava passeando no barco.

O jogador de tênis

Trata-se de uma interessante combinação do uso de uma boa representação (na verdade duas representações) e de um raciocínio correto. Primeiramente, convém elaborar uma tabela onde são relacionadas as quatro pessoas e as quatro diferentes modalidades esportivas, para que se possa acompanhar o que as pessoas não são, bem como o que são. Segundo, é útil neste caso ter um esquema de uma mesa para observar quais as distribuições de lugares possíveis e quais as restrições que elas impõem à atribuição das pessoas às diferentes modalidades esportivas. Podemos inferir da afirmação 1 que Alice não é o nadador, e da afirmação 2 que Brian não é o ginasta. Sabemos que Alice não é o ginasta, porque nesse caso a afirmação 2 a colocaria em frente a Brian, e isso não permitiria que Carol e David estivessem sentados lado a lado conforme a afirmação 3. Assim, nós sabemos que Alice não é nem o nadador e nem o ginasta.

Podemos inferir que Alice não é o patinador, porque isso faria com que Carol fosse o nadador (declaração 1) e a colocaria à esquerda de Alice (declaração 4). Isso deixaria então David ao lado de Carol (afirmação 3) e defronte a Alice. A única posição que resta para Brian seria entre Alice e David e em frente a Carol. Contudo, isso exigiria que Carol fosse o ginasta (afirmação 2) em vez do nadador (afirmação 1). Por causa desse conflito, Alice não pode ser o patinador. Como ela não é o nadador, o ginasta e nem o patinador, o problema está resolvido. Apenas para treinar, se você relacionar o restante das pessoas às suas atividades, descobrirá que Carol é o ginasta, Brian, o nadador e David, o patinador.

Um pedaço de bolo

Temos aqui um exemplo relativamente direto do raciocínio correto depois de uma boa análise das informações dadas. A primeira inferência é de que cinco bolos foram batidos porque foram usadas dez xícaras de farinha, e cada bolo consome duas xícaras. Depois, como foram usadas sete xícaras de açúcar, podemos inferir que houve dois bolos que levaram duas xícaras de açúcar, e que portanto eram bolos alemães de chocolate. Logo, os três bolos restantes eram brancos.

Gauss

Eis outro problema que se concentra em inferências sobre as operações que poderiam ser usadas, e pode-se considerá-lo um problema de discernimento. Segundo consta, Gauss percebeu uma relação interessante entre os números de 1 a 100. Especificamente, percebeu que, começando em ambas as extremidades do conjunto, os pares de números somavam 101. Por exemplo, $1 + 100, 2 + 99, 3 + 98 \ldots 50 + 51$, onde cada soma é igual a 101. Como existem cinqüenta desses pares, o total é $50 \times 101 = 5050$. Não é um mau raciocínio para um colegial!

Dois trens

A inferência importante deste problema é a relação entre as velocidades dos trens, e não suas velocidades absolutas. Ou seja, os trens estão se aproximando a uma velocidade relativa de 100 milhas por hora. Como eles cobrem essa distância em uma hora, estarão a 100 milhas de distância um do outro uma hora antes de se encontrarem.

O lenhador

Este problema é um dos mais difíceis do livro para a maioria das pessoas. Em primeiro lugar, é muito importante fazer um gráfico representando o problema para se ter certeza de o compreender totalmente e para que se tenha a ajuda de um acompanhamento das informações geradas durante a sua resolução. O primeiro aspecto importante a considerar é que o homem, antes de encontrar as ondulações que se aproximavam (com relação a ele), percorreu a mesma distância (doze remadas) que percorreu depois para alcançar as ondulações que se afastavam. A meta então é determinar que parte das segundas remadas foi necessária para colocar o homem diretamente sobre o local onde o peixe pulou.

Uma inferência importante é o fato de que, como as ondulações estavam partindo do peixe em todas as direções, as ondulações que se afastavam percorriam a mesma distância para longe do peixe do que as que chegavam antes que o homem encontrasse estas últimas. Uma segunda inferência é que, como o período era o mesmo (necessário para doze remadas) até que o homem alcançasse as ondulações que se afastavam, elas percorreram novamente a mesma distância antes que ele as alcançasse.

Temos agora informação suficiente para concluir que as segundas doze remadas percorridas pelo homem podem ser divididas em três partes iguais. A primeira parte é a que é percorrida pelas ondulações que se aproximam desde a ocasião em que foram causadas pelo peixe até que o homem as alcançasse. A segunda parte é a percorrida pelas ondulações que se afastam durante esse mesmo período. A terceira parte é a distância percorrida pelas ondulações que se afastam no mesmo período adicional (durante as segundas doze remadas) até que o homem as alcançasse. Desse modo, a distância que as ondulações que se aproximam percorreram até que fossem encontradas pelo homem é um terço de doze, ou seja, quatro remadas. Estas mais as primeiras doze que o homem deu totalizam dezesseis remadas entre o homem e o peixe.

A vaca, a cabra e o ganso

Para a maioria das pessoas, este é um dos mais difíceis problemas do livro. Pode-se considerá-lo também um problema de discernimento. Um passo crítico (o discernimento) é pensar no crescimento do pasto como dois elementos. Um é o crescimento ocorrido antes de os animais serem colocados no pasto, e o outro é o crescimento que continua a cada dia. O pasto resistirá enquanto os animais não tiverem comido os dois elementos.

Tendo em mente a diferença entre o crescimento acumulado e o crescimento diário, você pode começar a fazer inferências com base nas informações fornecidas. Em primeiro lugar, como o pasto alimentará apenas a vaca por noventa dias, você pode inferir *que a vaca come o crescimento diário mais 1/90 do crescimento acumulado*. Em segundo lugar, como o pasto alimentará a vaca e a cabra por 45 dias, juntos então eles comerão 1/45 do crescimento acumulado. Como inferimos mais cedo *que a vaca comerá o crescimento diário mais 1/90 de crescimento acumulado,* a cabra então comerá $1/45 - 1/90 = 1/90$ do crescimento acumulado a cada dia. Em terceiro lugar, como o pasto alimentará a vaca e o ganso durante sessenta dias, juntos então eles comerão 1/60 do crescimento acumulado a cada dia, do qual a vaca come 1/90 (veja acima). Dessa forma, o ganso comerá $1/60 - 1/90 = 1/80$ do crescimento acumulado a cada dia.

Resumindo, temos determinado agora que a vaca comerá o crescimento diário mais 1/90 de crescimento acumulado a cada dia, a cabra comerá 1/90 do crescimento acumulado a cada dia, e o ganso 1/80 do crescimento acumulado a cada dia. Usando um pouco de aritmética, podemos determinar que os três animais juntos comerão $1/90 + 1/90 + 1/80 = 1/36$ do crescimento acumulado a cada dia, e além disso a vaca comerá o crescimento diário. Logo, podemos concluir que o pasto alimentará os três animais por 36 dias.

Troca de parceiros

É um problema interessante porque é mais facilmente solucionado se se usarem duas tabelas para registrar as informações (uma para os casais e outra para os parceiros de dança). A partir dos dados, sabemos que Betty e Ed dançam juntos, e podemos inferir que nenhum deles o faz com qualquer outra pessoa. Ademais, podemos inferir que Dorothy é casada com Ed, e que portanto nenhum deles é casado com qualquer outra pessoa. Também podemos inferir que Betty não é casada com George. O aspecto interessante deste problema é que podemos usar informações dos dados e da matriz dos parceiros para poder inferir mais informações a respeito dos casais. É possível então utilizar essas informações acerca dos casais e os dados para inferir mais informações sobre os parceiros de dança. Podemos continuar dessa maneira até que o problema esteja resolvido. Os casais são Ed e Dorothy, Frank e Carol, George e Alice e Harry e Betty. Os parceiros de dança são Ed e Betty, George e Dorothy, Frank e Alice, e Harry e Carol.

Capítulo 3

Dez abajures de pé

Este problema não é adequado realmente ao método orientado das tentativas, de modo que você terá de recorrer a alguma modalidade do método sistemático das tentativas para resolvê-lo. Ele também difere dos outros problemas, porque tende a ser mais visual. Poder-se-ia considerá-lo também como um problema de deformação mental, porque temos de fazer algo que não é evidente no início. Uma pista é que o número de abajures (dez) não é divisível em partes iguais pelo número de paredes (quatro).

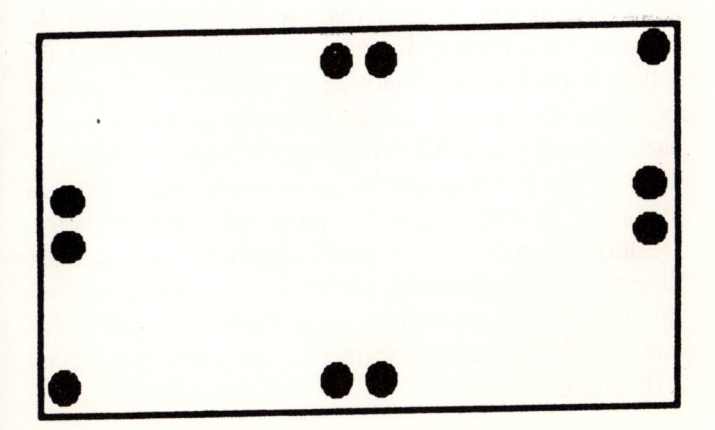

Um bom início é elaborar um gráfico de uma sala, atribuindo um número igual de abajures a cada parede (dois). Depois, com um pouco de criatividade e algumas tentativas, você poderá encontrar uma maneira de distribuir os dois abajures restantes de modo a satisfazer as condições dadas. Uma das soluções é apresentada na ilustração da página anterior.

O deslocamento das peças do jogo

A maneira mais eficaz de representar este problema é através do desenho de alguns quadrados e do uso de peças de damas, moedas, ou outra coisa passível de movimento. Embora de início este problema pareça ser um exemplo de método aleatório das tentativas, há alguns aspectos conducentes ao método orientado. Por exemplo, um primeiro movimento deveria ser pelo menos colocar juntas duas peças da mesma cor. Outra coisa que devemos considerar é não permitir a ocorrência de uma grande lacuna entre quaisquer dois conjuntos de peças. Visando esclarecer, numere as peças de 1 a 6 começando pela esquerda. Desse modo, a peça mais à esquerda será a de número 1 e a mais à direita, a de número 6. Para resolver o problema, desloque as peças 2 e 3 para a esquerda da peça 1. Desloque então as peças 5 e 6 para a esquerda, colocando-as no espaço deixado por 2 e 3, o que faz com que todas as peças pretas fiquem juntas, e as peças claras fiquem nas extremidades. Desloque agora as duas peças claras da extremidade direita para a esquerda, e o problema estará resolvido. Existe, naturalmente, uma "solução espelhada" começando com o deslocamento das peças 4 e 5 para a direita de 6.

A pesagem do bebê

Muitas pessoas encontram dificuldade em analisar os dados para determinar as relações entre os elementos deste problema. É-lhes particularmente difícil interpretar a frase "o cachorro pesa 60 por cento menos do que o bebê". Essa declaração significa que o peso do cachorro é o do bebê menos 60 por cento do peso deste. Isso poderia ser representado simbolicamente como $C = B - 0{,}60B$, que equivale a $C = 0{,}40B$. A última representação, ao que parece, é de mais fácil compreensão para a maior parte das pessoas. A afirmação "Ela pesa 100 libras mais do que o bebê e o cachorro juntos" também causa problemas para algumas pessoas. Tal afirmação, mais a de que os três juntos pesam 170 libras, acrescidas de um raciocínio esmerado, deverão produzir a inferência de que a sra. O'Toole pesa 135 libras. Logo, o cachorro e o bebê juntos pesam 35 libras.

As duas relações que agora podem ser usadas com a técnica orientada das tentativas para resolver o problema são: 1) $C = 0{,}40B$ e $C + B = 35$. Uma escolha inteligente para os valores levaria em consideração que a relação 1 indica que o cachorro pesa apenas dois quintos do peso do bebê. A solução é esta: o bebê pesa 25 libras, o cachorro 10, e a sra. O'Toole 135.

O acerto da conta

Tem-se aqui uma aplicação direta do método orientado das tentativas. Como é declarado nos dados, há duas condições que devem ser preenchidas. A primeira está relacionada com o primeiro grupo de pessoas que foram comer alguma coisa e pode ser representada como $N \times Q = \$6$, onde N equivale ao número de homens no grupo, e Q à quantia que cada um devia. Depois que os dois "vigaristas" partiram, a situação mudou, podendo ser representada como $(N - 2) \times (Q + 0,25) = \$6$. A partir daí é apenas uma questão de encontrar valores para N e Q que preencham as duas condições. Para uma primeira tentativa, você vai precisar de valores que dividam $6 em partes iguais como $N = 5$ e $Q = \$1.20$, e deverá começar a trabalhar a partir daí. Os valores corretos são $N = 8$ e $Q = \$0,75$.

As três noivas

É um problema interessante porque tem duas partes, e ambas poderiam ser resolvidas pelo método das tentativas. A primeira parte é o peso das três noivas. Embora isso pudesse ser resolvido pelo método orientado, com algum raciocínio bem-elaborado você poderia inferir os pesos das senhoritas. Como eles diferem sucessivamente em 10 libras, você poderá permitir que Minnie dê 10 libras para Kitty (temporariamente), e elas todas pesarão 132 libras (396/3). Você poderá então deixar que Kitty devolva as 10 libras para Minnie, o que fará com que Kitty, Nellie e Minnie pesem 122, 132 e 142 respectivamente.

A segunda parte do problema é combinar os pesos dos três noivos com os das três noivas de modo que o total seja igual a 1000, conforme o enunciado. De fato, não parece haver uma maneira de escolher um melhor conjunto inicial de valores para este problema, de modo que você pode tentar algo como o noivo mais pesado (com relação à sua noiva) com a noiva mais leve e o noivo mais leve com a noiva mais pesada. Isso coloca Charles com Kitty, John com Millie e William com Nellie. Se você agisse assim, descobriria que o peso total é menor do que as 1000 libras exigidas. Isso deverá fazer com que você procure uma combinação que aumente o total, como o noivo mais pesado com a noiva mais pesada e o noivo mais leve com a noiva mais leve. O resultado é que esse último esquema é a solução, e os casais são Kitty e John, Nellie e William, e Millie e Charles.

A troca de galinhas

A exemplo do anterior, este problema apresenta duas partes, cada qual podendo ser solucionada pelo método orientado das tentativas. A primeira parte é estabelecer quanto vale uma vaca em função de galinhas. A partir dos dados, as duas relações a ser usadas são: 1) uma vaca e um cavalo valem 85 galinhas, $C + G = 85$; e 2) cinco cavalos valem doze vacas, $5C = 12V$. Basicamente, isso significa que você precisaria dividir 85 em duas partes, de forma que uma parte (que vai com os cavalos) seja um pouco maior do que duas vezes a outra parte (a que vai com as vacas). Conseqüentemente, você deverá começar com números como 65 e 20, verificar se esses números dão o mesmo valor quando um é multiplicado por 12 e o outro por 5, e ajustá-los depois como for necessário. A resposta a essa parte é que um cavalo vale sessenta galinhas e uma vaca vale 25 galinhas.

A segunda parte do problema é determinar o número de cavalos e de vacas correspondente às relações dadas quando o fazendeiro e sua esposa discutem o número de cavalos e de vacas adicionais que deverão adquirir depois da sua compra inicial. A resposta da esposa resulta na relação $2C + V = 17$; ao passo que a proposta do marido dá origem à relação $C + 2V = 19$. Nossa tarefa agora é usar o método orientado das tentativas para encontrar valores para C e V que satisfaçam os dois relacionamentos. O exame das relações indica que ambas requerem que o número de cavalos e de vacas adquiridos originalmente seja mais ou menos o mesmo. Desse modo, um bom palpite derivado da proposta da esposa seria C = 6 e V = 5. Os valores reais são C = 5 e V = 7. Como a proposta do marido utiliza todas as galinhas, o número de galinhas que eles trouxeram ao mercado é 5 cavalos × 60 galinhas por cavalo = 300 galinhas mais 14 vacas × 25 galinhas por vaca = 350 galinhas, que dá um total de 650 galinhas.

A divisão das maçãs

Por uma série de motivos, este é um dos problemas mais complexos. Em primeiro lugar, é um pouco complicado extrair as relações existentes entre os elementos do problema a partir dos dados. Em segundo, há três condições simultâneas que devem ser satisfeitas para que o problema seja resolvido, ao invés de apenas duas, como ocorre na maioria dos problemas. Suponhamos que seja Q o número de quinhões originais e N o número de maçãs em cada um desses quinhões; nesse caso, a proposta de Michael de que as maçãs fossem repartidas entre as famílias pode ser representada como o número total de maçãs = (N + 3) × (Q − 2). A proposta de Fred de que ele próprio seja incluído e que as maçãs voltem a ser divididas entre as pessoas individualmente também pode ser representada como o total de maças = (N − 1) × (Q + 1). Destarte, temos agora duas condições.

A terceira condição a satisfazer surge da inferência de que como Fred obteve uma maçã de cada um dos garotos, o que resultou em quinhões iguais, então N = Q + 1. Você perceberá que os únicos valores que satisfarão essas três condições são N = 9 e Q = 8, o que totaliza 72 maçãs. Se você começar com um conjunto de números menor ou maior do que 9 e 8, poderá facilmente chegar à solução através do método orientado das tentativas.

O lobo, a cabra e a couve

Você provavelmente percebeu que este é um problema de desvio, semelhante ao Problema dos Missionários e dos Canibais analisado neste capítulo. Contudo, é um pouco mais simples. Trata-se apenas de providenciar para que a cabra não tenha oportunidade de comer a couve e para que o lobo não consiga comer a cabra. Assim uma solução é levar a cabra para a outra margem e deixá-la lá. Depois, você poderá levar ou o lobo ou a couve para o outro lado do rio, deixá-lo lá, e *trazer a cabra de volta*. É aqui que ocorre o desvio. Você tem de devolver a cabra ao lado original para poder impedir que alguma coisa seja comida. Pegue o item remanescente, leve-o à outra margem, e volte para buscar a cabra.

Capítulo 4

Tinta de impressão

Essa é uma aplicação relativamente fácil do emprego das submetas. Estas últimas são definidas pelo número de páginas que exigem números de diversos tamanhos (por exemplo, páginas de um dígito, páginas de dois dígitos, etc.). As páginas de 1 a 9 usam nove dígitos, as páginas de 10 a 99 usam 180 dígitos, e as páginas de 100 a 999 usam 2 700 dígitos, o que forma um total acumulado de 2 889 dígitos. Como restam apenas 100 dígitos, e cada página precisa de quatro dígitos, teremos então 25 páginas adicionais, perfazendo um total de 1 024.

O sistema ferroviário da Mongólia

É um problema relativamente simples, e as submetas são definidas, como a colocação de 25 vagões de cada vez na linha de manobra "deslizando-os" uns pelos outros sucessivamente até que os dois trens tenham passado um pelo outro completamente. É bastante útil desenhar um gráfico contendo a linha principal e a linha de manobra, e usar alguns objetos para representar as partes do trem que podem ser deslocadas em volta do gráfico.

Jogo de Grundy

O uso das submetas neste problema consiste em tomar cada uma das jogadas possíveis (divisões) que a primeira pessoa poderia fazer (6-1, 5-2 e 3-4) e acompanhá-las dos possíveis movimentos adicionais que poderiam ser feitos nas jogadas seguintes. É útil representar o problema através do diagrama de uma árvore, com cada uma das divisões realizadas pelo primeiro jogador sendo representada por galhos principais, suas divisões por galhos secundários, etc. Existe a possibilidade de o jogador que joga em segundo lugar ganhar sempre, *se* escolhas adequadas foram realizadas na segunda jogada e nas jogadas subseqüentes. Se o primeiro jogador dividir a pilha em 6-1, o segundo deverá dividir as seis em 4-2, e depois fazer todas as jogadas legítimas a partir daí. Se o primeiro jogador dividir a pilha em 5-2, o segundo deverá dividir as cinco em 4-1 e seguir todas as jogadas legítimas a partir daí. Se o primeiro jogador dividir a pilha em 4-3, o segundo jogador conseguirá ganhar apenas seguindo as jogadas legítimas a partir daí.

Cruzamento de trens

O uso de submetas neste problema requer que dividamos os dois trens em dois segmentos de quarenta vagões, levando-os alternadamente para a linha de manobra, empurrando os vagões do outro trem para diante, e partindo depois da linha de manobra para a linha principal na direção desejada, até que a tarefa esteja concluída. É bastante útil elaborar um gráfico contendo a linha principal e a de manobra e depois usar alguns objetos para representar as diversas partes do trem que podem ser deslocadas em volta do diagrama. A solução completa é apresentada na ilustração seguinte, onde LA representa a locomotiva que está voltada para o norte, LB a locomotiva que está voltada para o sul, A40 o conjunto de quarenta vagões do trem voltado para o norte, e B40 o conjunto de quarenta vagões do trem voltado para o sul.

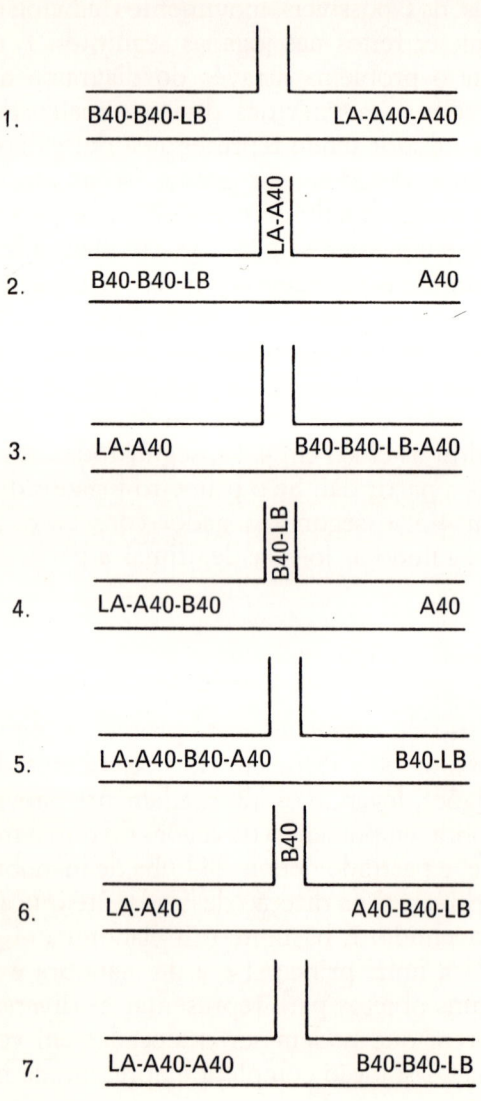

1. B40-B40-LB   LA-A40-A40

2. B40-B40-LB   [LA-A40]   A40

3. LA-A40   B40-B40-LB-A40

4. LA-A40-B40   [B40-LB]   A40

5. LA-A40-B40-A40   B40-LB

6. LA-A40   [B40]   A40-B40-LB

7. LA-A40-A40   B40-B40-LB

O problema da troca

As submetas relevantes para o problema são, na verdade, insinuadas através da maneira como o problema é apresentado. Ou seja, uma das submetas é inverter as posições dos vagões de qualquer maneira possível e depois determinar um modo de fazer isso e conseguir devolver a locomotiva ao seu lugar e direção iniciais. Ambas as submetas poderão exigir um pouco do método das tentativas para ser solucionadas. Reportando-nos à figura 4.14, na qual o problema foi originalmente apresentado, os passos para atingir a meta usando a linha de manobra superior são os seguintes: 1) leve o vagão branco B1 para cima até D e empurre-o até B; 2) puxe o vagão preto (P) para baixo mais adiante e deixe-o lá; 3) dê a volta com a locomotiva através do túnel, puxe B1 de B e empurre ambos os vagões até A; 4) leve a locomotiva de volta através do túnel e empurre B1 até C; 5) puxe P de volta a A; 6) leve a locomotiva de volta através do túnel, puxe B1 de C, e empurre-o até C; e 7) conduza a locomotiva de volta à sua posição original em C.

Os passos para alcançar a meta sem a linha de manobra superior são os seguintes: 1) leve B1 até o túnel; 2) pegue P e leve-o até C; 3) dê a volta com a locomotiva através do túnel e empurre B1 adiante de A na direção de D; 4) puxe P de C, engate-o em B1, e empurre B1 até C; 5) deixe P no túnel e dê a volta e puxe B1 até A; 6) empurre B1 em volta até D; 7) traga a locomotiva de volta e leve P até A; e 8) conduza a locomotiva até sua posição original em C.

Trajetos

Esses problemas são exemplos de submetas recursivas e se assemelham ao Problema do Labirinto analisado neste capítulo. A solução para o Mapa 1 é A, B, C, D e H = 1; E = 2; F e I = 3; G = 4; J = 6; e K = 10. Para o Mapa 2: A = 1; B = 2; C = 3; D = 5; E = 8; F = 13; G = 21; H = 34; I = 55. Para o Mapa 3: A, C, G, E e I = 1; B = 3; D = 5; F = 7; e H = 9. Para o Mapa 4: A = 2; B = 4; C = 8; e D = 16.

Capítulo 5

A verdade e a falsidade

É um caso típico do emprego da contradição. Provavelmente a parte mais difícil do problema é interpretar e entender corretamente as afirmações dos indivíduos descritos nos dados. Feito isso, o problema se restringe apenas à análise das duas alternativas uma de cada vez (a terceira pessoa ou é um anania ou um diógene) e ao cotejo individual com os dados. A contradição surge ao se supor que a terceira pessoa é mentirosa. Se tivermos cuidado em verificar as implicações, observaremos que isso redunda em que a primeira pessoa diga que é mentirosa. Contudo, nenhuma delas poderia afirmar que é mentirosa, pois as que só dizem a verdade afirmaram estar falando a verdade porque só devem fazê-lo, e os mentirosos sustentariam estar falando a verdade porque têm de mentir.

"Fui envenenado"

Este problema é muito semelhante àqueles discutidos neste capítulo. Você deve começar considerando que cada pessoa, por sua vez, é culpada, enquanto mantém sob reserva a restrição de que uma das afirmações de cada pessoa é falsa. Como o garçom está implicado no caso, você também deverá supô-lo assassino e examinar essa possibilidade. Se fizer uma análise cuidadosa, constatará que O'Neil é o criminoso.

Uma história de crime

Este problema pode ser resolvido se considerarmos que cada pessoa, por sua vez, é culpada, e examinarmos esse fato pesquisando se ele cria contradições com as informações fornecidas, como foi analisado neste capítulo. Curiosamente, o processo pode ser abreviado neste caso devido às afirmações particulares feitas pelas crianças. Observe que cada uma, exceto Judy, assegura não haver roubado a bolsa e afirma que outra pessoa o fez. Assim, quando cada criança é considerada culpada, as duas afirmações se tornam falsas. O que de imediato contradiz o dado de que duas das declarações de cada pesosa são verdadeiras. Seja como for, você deverá descobrir que Judy é a culpada.

Vice-versa

Embora este problema seja resolvido usando-se uma combinação de inferência e contradição, um aspecto dificultoso para algumas pessoas é que ele exige que você considere os resultados das operações aritméticas tais como "pedir emprestado" e "levar para a coluna seguinte". É útil conceber uma maneira de registrar os dígitos que estão sendo ligados às letras específicas à medida que você avança. Um fato que pode ser inferido dos dados é que $E < N$. Isso é verdadeiro porque $E - N$ deixa E na coluna mais à esquerda da resposta em vez de S. Se E fosse $=$

ou > N, S seria simplesmente levado para a resposta. O que também implica que foi pedida alguma coisa emprestada a S, indicando que N > O, ou que não houve necessidade de "pedir emprestado" na subtração.

Uma análise adicional das informações determinará que S = E + 1, N − E > 1 e que I = H − 1. A partir daqui você deverá atribuir alguns valores a N, E e S dentro desses limites, e então computar valores para as letras restantes que não levem a contradições. Se você começar com E = 1, S = 2, e N = 4, encontrará para as outras letras os valores G = 8, H = 7, I = 6, T = 3 e V = 5, o que levará a uma das soluções. A outra solução é E = 4, S = 5, N = 6, I = 7, H = 8, V = 1, T = 2 e G = 3.

Os três meninos

É um problema interessante no sentido de que, se elaborarmos algumas tabelas adequadas para representar as informações e fizermos uma inferência muito cuidadosa, poderemos chegar à conclusão de que o garoto descalço ou é Chuck ou Bill. A partir daí trata-se de uma contradição. Se você considerar que Chuck está descalço, então ele pesará 90 libras e Art pesará 55. Supondo-se que Bill está descalço, Chuck pesará 120 libras e Art apenas 25. Embora a última alternativa seja possível, não é muito provável, uma vez que uma criança de dois anos pesa em média 25 libras. Assim, segundo o contexto do problema, a resposta mais razoável é que Chuck esteja descalço.

Dinheiro por telegrama

Este problema é evidentemente muito parecido com o Problema Vice-Versa, exceto no aspecto de que o presente envolve a adição e não a subtração. Exige que você reflita a respeito das propriedades da aritmética exatamente como fez no Problema Vice-Versa. Além disso, ele também guarda semelhança com este último, pois você poderá determinar valores para algumas das letras, e depois deverá recorrer ao método da contradição para encontrar as outras. Este problema é diferente do outro, contudo, pois apresenta cinco soluções em vez de duas.

Como temos um dígito a mais na resposta do que nos dois valores que são somados, podemos inferir haver uma sobra da coluna mais à esquerda e que essa sobra só poderá resultar em $M = 1$. Continuando a extrair inferências dos dados, é possível determinar que $W = 9$, $O = 0$, e que Y é um dígito par. A partir daí temos de atribuir diferentes valores às letras remanescentes até encontrar combinações que não acarretem contradições. Os cinco conjuntos de valores para as outras letras que levam a soluções aceitáveis são: 1) $I = 7, N = 8, R = 6, E = 2, Y = 4$; 2) $I = 2, N = 3, R = 8, E = 7, Y = 4$; 3) $I = 2, N = 3, R = 7, E = 4, Y = 8$; 4) $I = 5, N = 6, R = 7, E = 4, Y = 8$; 5) $I = 5, N = 6, R = 8, E = 7, Y = 4$.

Pais e filhos

Há aqui uma interessante mescla de inferência e contradição. Em primeiro lugar, é útil ter três tabelas para registrar as informações — uma para esposas e maridos, outra para esposas e filhos, e outra ainda para pais e filhos. Depois de registrar as informações dadas nas duas primeiras afirmações, você deverá usar o método da contradição, considerando como certa a informação fornecida na declaração 3. Considerar que o pai de Allan é Cutler e considerar que o pai de Allan é Drake implica uma contradição. No final, você deverá concluir que as famílias são: 1) Louise, Barber e Allan, 2) Dorothy, Cutler e Henry, e 3) Beth, Drake e Victor.

Capítulo 6

Três marinheiros e um macaco

O menor número de cocos que poderia ter sobrado pela manhã é evidentemente quatro — um para cada um dos marinheiros e um para o macaco. Desse modo, é aí que devemos começar. A parte do problema que apresenta dificuldade para a maioria das pessoas é compreender que o número de cocos que sobraram depois que cada marinheiro os dividiu durante a noite resulta de duas pilhas iguais que se combinaram. Assim, o número existente antes dessa divisão seria uma vez e meia esse número mais o que foi dado ao macaco. Além disso, deve ser um número par. Desse modo, se você começar com quatro, perceberá que, ao trabalhar regressivamente até o terceiro marinheiro, terá um total de sete, que não é um número par.

Como você terá de experimentar diversos valores antes de encontrar o que resolverá o problema ao trabalhar em regressão através dos três marinheiros, o problema também envolve um pouco do método sistemático das tentativas. Você poderá resolvê-lo se começar com três pilhas de sete mais um coco para o macaco como sendo a divisão final da manhã. Isso fornece um total de 22 cocos. Trabalhando-se regressivamente através da divisão de cada marinheiro, produz-se um total de 33 cocos para o terceiro, 52 para o segundo e 79 para o primeiro. Ou seja, pelo menos 79 cocos foram reunidos pelos três durante a noite.

O pombo treinado

Não é necessário trabalhar regressivamente neste problema, embora esta seja uma abordagem útil. Se pensarmos primeiramente na colisão dos dois trens, e regredirmos uma hora, perceberemos que os trens estavam afastados 60 milhas. Isso, por sua vez, permite inferir que se eles estavam afastados 120 milhas quando partiram, devem ter viajado por duas horas antes de colidirem. Como o pássaro voava a 75 milhas por hora durante aquelas duas horas, ele viajou, então, 150 milhas.

O guru

É um problema interessante, uma vez que inúmeras pessoas inferem que como o guru percorre uma distância real de 1 pé por dia, ele levará trinta dias para percorrer os 30 pés necessários para sair do poço. Entretanto, se você voltar ao último dia, constatará que ele não escorregará de volta os 2 pés porque conseguirá sair. Assim, quando estiver a 3 pés da borda do poço, ele conseguirá sair no dia seguinte. Como precisa de 27 dias para chegar a 3 pés da borda do poço, ele conseguirá sair no 28.º dia.

O jogo Woolworth

É quase imperativo obter algumas peças de jogo, moedas, ou quaisquer outros objetos que possam ser deslocados sobre os quadrados. Se você começar com uma posição vencedora e trabalhar regressivamente a partir daí, descobrirá que a primeira pessoa a avançar contra o oponente sempre perderá, se o oponente tirar vantagem disso. Ou seja, se um dos oponentes bloquear um dos conjuntos de peças, o outro oponente deveria fazê-lo com o segundo conjunto. Isso fará com que o oponente que bloquear primeiro comece a se retirar, e depois é apenas uma questão de tempo até que ele perca. Conseqüentemente, uma estratégia de vitória é a que faz com que o oponente seja o primeiro a fechar.

A maneira de evitar chegar a uma posição em que o seu oponente possa forçá-lo a fechar é estabelecer posições de modo que você fique separado do seu oponente o mesmo número de quadrados nos dois conjuntos de peças. Afinal essa foi a posição que alguém tinha quando ganhou. Depois de estabelecer a mesma separação nos dois conjuntos, você simplesmente se movimenta para manter a mesma separação até que o seu oponente seja obrigado a fechar. Você poderá estabelecer a separação necessária sendo o primeiro a jogar e deslocando-se até a fileira superior de modo que você fique separado do seu oponente por três quadrados, como na fileira inferior. Então, se o seu oponente avançar um quadrado em cima ou embaixo, você também deverá avançar um quadrado com o outro conjunto. Em determinado ponto, o seu oponente será obrigado a fechar. Se você começar em segundo lugar, ainda poderá ganhar se o seu oponente permitir que você consiga estabelecer uma separação igual nos dois conjuntos de peças.

O caminhão no deserto

Trata-se de uma demonstração de eficácia da técnica de regressão. Quando você começar a trabalhar regressivamente a partir do destino, deverá perceber que o último depósito poderá ser instalado a 180 milhas do destino, porque o caminhão conseguirá percorrer essa distância com uma carga completa de gasolina. Nesse ponto, você poderá começar a pensar em submetas, porque o problema é excessivamente complicado para ser analisado como um todo. A primeira submeta é determinar onde instalar o penúltimo depósito e quanta gasolina seria necessária para poder ter 180 galões no último depósito.

A quantidade de depósitos de gasolina e a distância entre eles estão relacionadas com a capacidade do caminhão. É evidente que os depósitos deverão estar a menos de 90 milhas de distância um do outro, uma vez que você precisa chegar ao seguinte, bombear alguma gasolina e retornar. Quanto menor a distância entre os depósitos, maior quantidade deles teremos de ter. Como a distância do último reservatório até o começo é de 220 milhas, poderíamos instalar três reservatórios adicionais a 55 milhas um do outro, com o primeiro situado a 55 milhas do começo. Você poderá então continuar a trabalhar regressivamente a partir do último reservatório para determinar a quantidade de gasolina que cada depósito anterior teria de conter. Finalmente, é claro, você voltará ao início, e saberá de quanto toda a viagem precisará.

Um ponto importante a ser considerado é que você, na realidade, não necessita de 180 galões no último (o quarto) reservatório, porque poderá atingir a capacidade do caminhão no terceiro depósito e usar apenas 55 galões para chegar até o último. Conseqüentemente, você precisará apenas de 55 galões no último reservatório para terminar de encher o caminhão até sua capacidade máxima de 180 galões. Diga-se o mesmo com relação aos reservatórios anteriores. Se você seguir o mesmo processo através de todos os depósitos, perceberá que precisa de 55 galões no último reservatório, 220 no terceiro reservatório, 715 no segundo, 1 980 no primeiro, e 5 350 galões no início para poder começar a jornada. Neste caso, você também definirá o número de viagens entre cada conjunto de depósitos para que a gasolina necessária seja transportada.

"Nim"

Trabalhando em regressão a partir de uma vitória, você deverá perceber que pode ganhar se deixar o seu oponente apenas com uma moeda. Quando você retroceder ainda mais, descobrirá que isso pode ser conseguido assegurando que na sua jogada anterior você tenha deixado seu oponente com pelo menos cinco moedas. Desse modo, o seu oponente não conseguirá deixá-lo com uma única moeda. Outro ponto importante na análise do jogo é que você poderá sempre assegurar que pelo menos quatro moedas serão apanhadas num par de jogadas por você e pelo seu oponente porque uma, duas ou três moedas podem ser apanhadas em cada jogada. Portanto, você poderá sempre garantir uma vitória se for o primeiro a jogar e se pegar três moedas e deixar nove. Nesse caso, independentemente do que o seu oponente fizer, você poderá apanhar o que precisa para assegurar que cinco serão deixadas depois da sua próxima jogada. Você estará, então, na posição de forçar uma vitória na sua terceira jogada.

Leituras complementares

Adams, J. L., *Conceptual blockbusting,* Nova York, W. W. Norton & Co., 1979.

Anderson, B., *The complete thinker,* Englewood Cliffs, N. J., Prentice-Hall, 1980.

Hayes, J. R., *The complete problem solver,* Filadélfia, Franklin Institute Press, 1981.

McKim, R. H., *Experiences in visual thinking,* Monterey, Cal., Brooks/Cole, 1972.

Runkle, G., *Good thinking: an introduction to logic,* Nova York, Holt, Rinehart and Winston, 1978.

Whimbey, A., & Lockhead, J., *Beyond problem solving and comprehension*, Filadélfia, Franklin Institute Press, 1984.

Wickelgren, W., *How to solve problems,* San Francisco, Freeman & Co., 1974.

Índice remissivo

Acerto de conta, problema do 88
Álgebra, uso para solução de problemas 71-75
Algébricas, equações 30
Arquimedes e o problema da sua pedra de estimação 62
    solução 162

Cabo-de-guerra, problema do 32
    solução 151
Café com leite, problema do 62, 141-142
    solução 161
Capacidade da garrafa, problema da 61
    solução 160
Caminhão no deserto, problema do 148
    solução 189-190
Cara ou coroa, problema da 139-140
Colar de ouro, problema do 52-54
Colegas ao banco, problema dos 46-50
Contagem das linhas, problema da 60
    solução 159
Contagem diagonal, problema da 61
    solução 159-160
Contagem dos quadrados, problema da 33-34
    solução 154
Contradição 134-136
    emprego de Euclides da 130-131
    e inferência 132
Cruzamento de trens, problema do 116
    solução 177-178

Dados de um problema 14, 31, 42, 69, 124
    e os símbolos 18
    numeração 47-48

Dedução 40-41
Deslocamento das peças do jogo 87
    solução 170
Desvio, problemas do 81-85
Deturpação mental 56
Dez abajures, problema dos 87
    solução 169-170
Dinheiro por telegrama 136
    solução 184
Divisão de maçãs, problema da 89-90
    solução 174-175
Dois trens, problema dos 64
    solução 165
Dólares de prata, problema dos 36
    solução 158
Dominós, problema dos 25, 26-29

Equilíbrio, problema do 99-102
Euclides e o uso da contradição 130
Excesso de trabalho na biblioteca, problema do 21-25

Fazenda do gado leiteiro, problema da 32
    solução 151
Fazendeiro no mercado, problema do 96-98
"Fechem os seus armários", problema do 36
    solução 157
"Fui envenenado", problema do 133-134
    solução 181

Gauss, problema de 64
    solução 164
Guru, problema do 147
    solução 187

Idade, problema da 62
    solução 162
Indução 41-42
Imposto de renda de Johnny, problema do 80-81
Impostos, problema dos 76-78
Inferência 39-65
    dados 42
    deturpação mental 56
    e a contradição 131
    e a dedução 40-41

metas 49
operações 51
Informação, organização da 15, 31
possibilidades, relações 19
símbolos, uso de 15-19
tabelas 20
Inversão, problema da 33
solução 153

Jogador de tênis, problema do 63
solução 163-164
Jogadores de tênis, problema dos 42-46
Jogo de damas 30
Jogo de Grundy, problema do 115-116
solução 177

Labirinto, problema do 107-110
Lenhador, problema do 64
solução 165
Lobo, cabra e couve, problema do 90
solução 175

Mensageiro, problema do 35
solução 155
Metas de um problema 14-25, 31, 49-51, 70, 124
veja também Submetas
Método das submetas 93-119
com relações recursivas 107-113
Método das tentativas 69-90
aleatório 69-172
orientado 74-81
problemas de desvio 81-82
sistemático 73-74
Método de trabalho agressivo 140-145
Missionários e dos canibais, problema dos 82-85
Moeda de ouro, problema da 54-56
Morte de Finelli, problema da 127-130

"Nim", problema 148
solução 190
Números primos 131

Operações de um problema 15, 31, 51, 53, 69

Pais e filhos, problema dos 136
    solução 184-185
Pedaço de bolo, problema do 63
    solução 164
Pesagem do bebê, problema da 87-88
    solução 171
Pescaria, problema da 17
Pombo treinado, problema do 146-147
    solução 187
Porcos e galinhas, problema dos 70-76
Premissas 40
Problema, componentes do 13-14, 31
    dados 14
    metas 13-14
    operações 14

"Quem é o assassino?", problema do 123-127

Raciocínio lógico 39
    veja também Inferência
Relacionar possibilidades para organização e informação, como 43-44
Retrato pago em ouro, problema do 49-51

Símbolos, usados para organizar a informação 15-21, 23, 71
    inferência das relações entre os 16-20
Sistema ferroviário da Mongólia, problema do 115
    solução 176

Tabelas, para organizar informações 22
Técnicas *versus* regras 30
Teoremas matemáticos, demonstração de 130-131
Tinta de impressão, problema da 115
    solução 176
Torre de Hanói, problema da 111-113
Trajetos, problema dos 117-119
    solução 180
Travessia do rio, problema da 93-98
Trens, problema dos 32-33
    solução 152-153
Três marinheiros e um macaco, problema dos 146
    solução 186-187
Três meninos, problema dos 136
    solução 183

Três movimentos, problema dos 33
    solução 153
Três noivas, problema das 88
    solução 172-173
Triângulo ferroviário, problema do 101-106
Triângulos, problema dos 35
    solução 156-157
Troca, problema da 117
    solução 179
Troca de galinhas, problema da 89
    solução 173-174
Troca de parceiros, problema da 65
    solução 167
Troco, problema do 35
    solução 156

"Uma história de crime", problema da 134-135
    solução 182

Vaca, cabra e ganso, problema da 65
    solução 166-167
Verdade e falsidade, problema da 133
    solução 181
Vice-versa, problema do 135
    solução 182-183
Vinte, problema do 34
    solução 154-155

Wimbledon, problema de 142-143
Woolworth, jogo de 147-148
    solução 187-188